交互式数字媒体导论
概念和实践

Introduction to Interactive Digital Media
Concept and Practice

[美]朱莉亚·格里菲（Julia Griffey） 著

王文清 译

中国国际广播出版社

百万种颜色

256色

彩图 1　以有限的位深度（256 色）保存的图像往往具有平坦的颜色区域

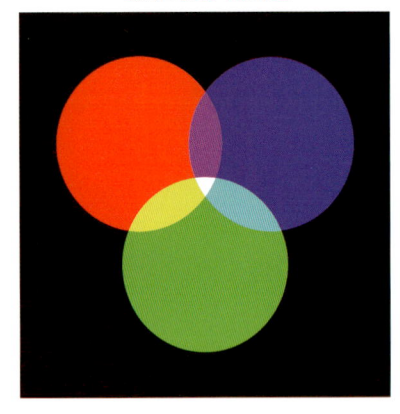

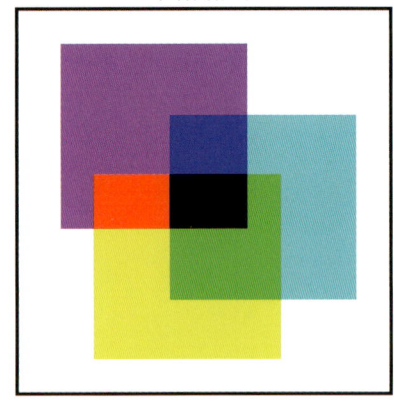

电脑上显示的颜色　　　　　　　　　印刷用的颜色

混合光线：红、绿、蓝　　　　　　混合颜料：青、品、黄
　　　加　色　　　　　　　　　　　　　减　色

彩图2　混合光线（加色）与混合颜料（减色）的区别

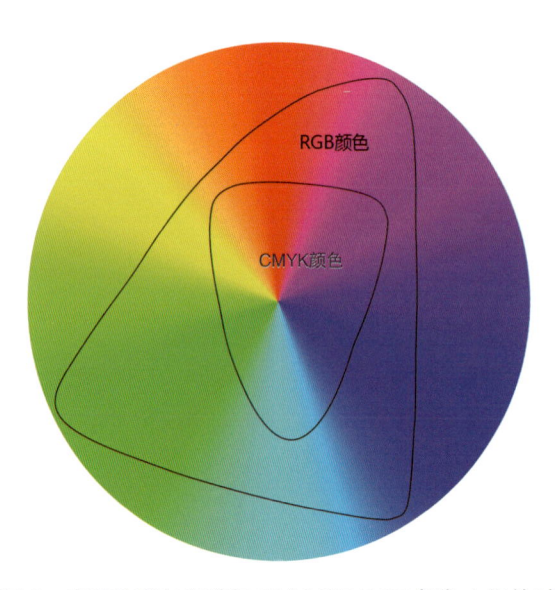

彩图3　完整的彩色光谱与 CMYK 和 RGB 颜色之间的对比

颜色	十六进制值	RGB值
	#000000	rgb(0,0,0)
	#FFFFFF	rgb(255,255,255)
	#2d3d96	rgb(44,63,149)
	#cc1515	rgb(203,32,39)
	#338841	rgb(51,136,65)
	#efe919	rgb(239,233,25)
	#a94d9d	rgb(169,77,157)
	#f39220	rgb(243,146,42)

彩图 4　一些颜色及其相应的十六进制代码和 RGB 值的示例

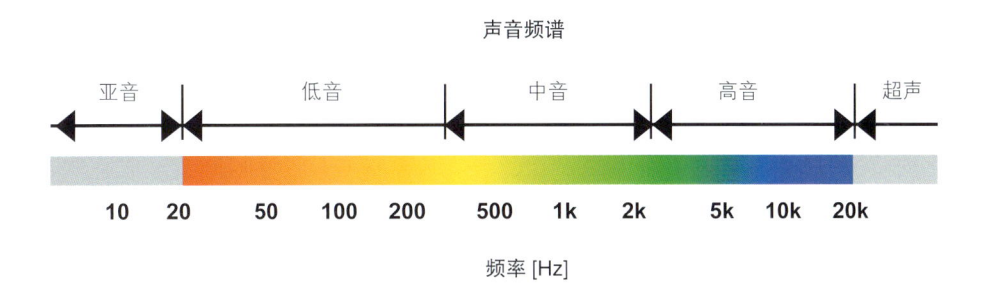

声音频谱

亚音　　低音　　中音　　高音　　超声

10　20　50　100　200　500　1k　2k　5k　10k　20k

频率 [Hz]

彩图 5　图中的彩色区域是人类可以听到的频率

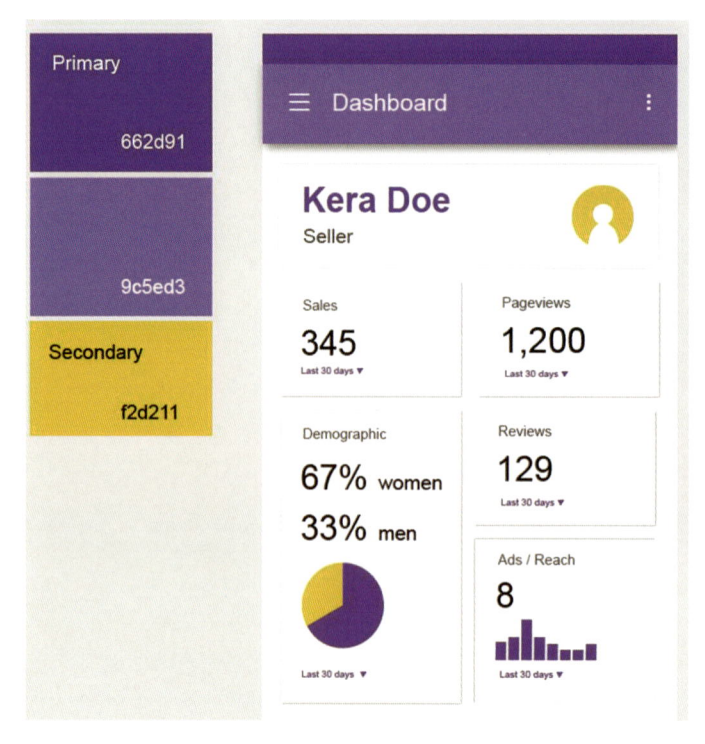

彩图 6　该 App 有一个由互补色组成的调色板

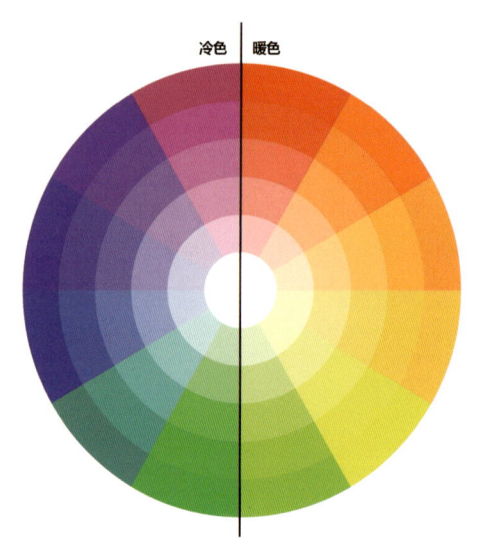

彩图 7　暖色和冷色位于色轮的相对两侧

互补色　　　　　　　　　　相近色

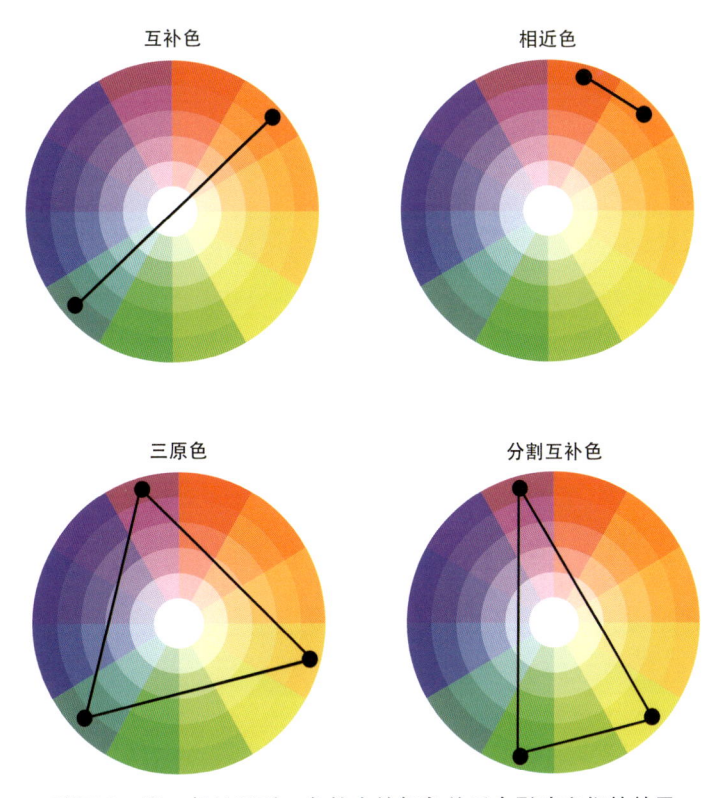

三原色　　　　　　　　　　分割互补色

彩图 8　当一起使用时，色轮中的颜色关系会影响它们的效果

Weak color contrast　　颜色对比弱
Poor color contrast　　颜色对比差
Terrible color contrast　　颜色对比很差
Abysmal color contrast　　颜色对比特差

彩图 9　一些颜色组合提供了比其他颜色更高的对比度，这极大地影响了可用性

文化色彩

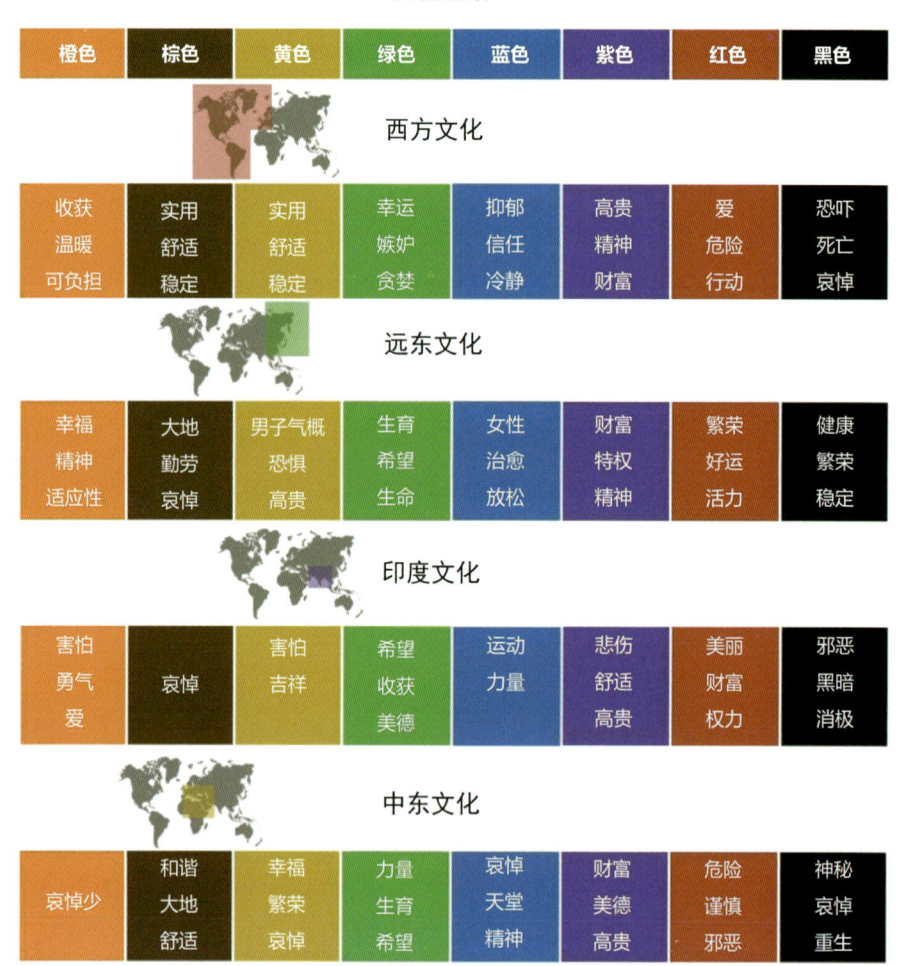

橙色	棕色	黄色	绿色	蓝色	紫色	红色	黑色

西方文化

橙色	棕色	黄色	绿色	蓝色	紫色	红色	黑色
收获 温暖 可负担	实用 舒适 稳定	实用 舒适 稳定	幸运 嫉妒 贪婪	抑郁 信任 冷静	高贵 精神 财富	爱 危险 行动	恐吓 死亡 哀悼

远东文化

橙色	棕色	黄色	绿色	蓝色	紫色	红色	黑色
幸福 精神 适应性	大地 勤劳 哀悼	男子气概 恐惧 高贵	生育 希望 生命	女性 治愈 放松	财富 特权 精神	繁荣 好运 活力	健康 繁荣 稳定

印度文化

橙色	棕色	黄色	绿色	蓝色	紫色	红色	黑色
害怕 勇气 爱	哀悼	害怕 吉祥	希望 收获 美德	运动 力量	悲伤 舒适 高贵	美丽 财富 权力	邪恶 黑暗 消极

中东文化

橙色	棕色	黄色	绿色	蓝色	紫色	红色	黑色
哀悼少	和谐 大地 舒适	幸福 繁荣 哀悼	力量 生育 希望	哀悼 天堂 精神	财富 美德 高贵	危险 谨慎 邪恶	神秘 哀悼 重生

彩图 10 颜色在不同的文化中有不同的含义和联系

致 谢

感谢我的丈夫,他勉为其难地帮我编辑。

感谢那些允许我为这本书采访他们的杰出人士:海蒂·麦克唐纳、伊丽莎白(杰克)·费恩勒、蒂姆·弗里克、克里斯·考克斯、安娜·蒙特、布莱恩·鲁西德、简斯·卡尔顿和朱莉·盖斯基。感谢您分享您的时间和知识。

引 言

为什么要学习交互式数字媒体

交互式数字媒体在我们的日常生活中越来越普遍。随着我们的世界变得越来越数字化、交互化和网络化，这个领域每天都有新的工作机会出现。本书为学生提供了一个机会来了解新兴的交互式行业，看看他们现有的技能在哪里，或者他们可能想开发的新技能。

我写这本书是为了支持自己的交互式数字媒体入门课程（我已经教了10年），因为我找不到合适的教材来满足我的教学需要。我想揭开这个领域的神秘面纱，向学生展示新的潜在职业，并激励他们建立交互式数字媒体技能，以支持他们自己的职业或商业目标。我需要为主修该领域的学生提供一个坚实的基础，同时让其他学科的学生了解一下该领域可能给他们带来什么好处。

最初，我的许多学生对交互式数字媒体感到困惑，不知道开发过程中涉及什么。出于这个原因，我将阅读和讨论与动手项目（建立一个网站和一个原型App）结合起来，这些项目提供了真实的实践性知识。我相信制作经验对任何学生都是有益的，因为它锻炼了被用人单位认为是有价值的技能，如批判性思维、解决问题、关注细节、沟通和写作（Ikaiddi，2017）。完成这些作业后，学生们往往会感到自己的能力得到了提升，并想进一步学习。这总是一种快乐的见证。我在自己网站上分享这些项目：www.juliagriffey.com/idmbook。

本书的组织方式

本书每一章都专门描述交互式数字媒体的一个方面，具体来说：它是什么、它来自哪里、它是如何构思的、它有什么、它应该是什么样子、它是如何组合的，以及它的优点是什么。

第一章定义交互式数字媒体、它的各种形式以及它对我们生活的影响。因为交互式数字媒体如此普及，所以就业机会丰富多样。本章还开始讨论交互式媒体是如何制作的，是什么让交互式产品变得更复杂或更简单。

第二章深入交互式数字媒体的历史，从计算机的发明、电子游戏的诞生和互联网的建立开始。纵观历史，硬件和网络的创新激发了新形式的交互式媒体和交付方式，包括 Web、多媒体、自助终端、应用程序、社交媒体、休闲游戏以及增强现实与虚拟现实。

第三章概述参与开发交互式媒体的过程和团队。虽然"交互式媒体"名义下的项目种类繁多，但每个项目都需要过程和团队。本章解释了典型的开发过程和各种团队成员。

第四章讲述数字媒体的具体要点。我们如何将模拟媒体转换成数字形式，必须做出哪些妥协？一旦媒体以数字形式出现，我们的软件如何理解它？

第五章聚焦于交互式体验中的媒体内容：图形、动画、音频、视频和文本。使用的格式是什么？使用这些格式的最佳实践是什么？

第六章是关于媒体审美的。布局、颜色和排版的选择会对交互式应用的体验产生巨大的影响。本章提供了如何做出这些选择的指导。

第七章揭示交互性是如何创作的。有多种编程语言和创作环境被用于构建交互式应用程序。Web 开发涉及一系列额外的挑战，如获得域名、设置主机、内容管理系统和传输文件。

第八章着眼于可用性。哪些过程和技术可以帮助我们建立难忘的、实用的和令人喜爱的交互式体验？

除了主要内容，每章还以采访一位其工作与主题相关的专家为特色。我非常感谢他们的贡献，并且每次采访都令我很有收获。因为我在本书中只能放入我们谈话的简短摘录，所以我在自己的网站（www.juliagriffey.com/idmbook）上提供了完整的采访内容。

参考文献

Ikaiddi，U.（2017）The Top 5 Skills Employers Say Recent Grads Lack and How to Learn Them. *Study Breaks*. Online. Available at：https://studybreaks.com/college/employable-skills.

目 录
CONTENTS

第一章 什么是交互式数字媒体 / 001

第一节 交互式数字媒体不同于其他形式媒体的特点 / 001

第二节 交互式数字媒体的形式 / 005

第三节 开发交互式数字媒体 / 009

第四节 交互式数字媒体开发人员的基本技能 / 012

第五节 交互式数字媒体的影响 / 013

第六节 交互式数字媒体方面的就业机会 / 015

专业人士访谈 / 018

讨论问题 / 022

参考文献 / 022

第二章 交互式数字媒体的历史 / 026

第一节 计算机的起源 / 026

第二节 计算机的进化 / 030

第三节 个人电脑的出现 / 031

第四节 图形用户界面 / 033

第五节 电子游戏 / 036

第六节 互联网的诞生 / 039

第七节 互联网的发展 / 041

第八节　万维网的出现 / 042

第九节　多媒体 / 044

第十节　Web 2.0 / 045

第十一节　2010年代及以后的交互式数字媒体 / 047

专业人士访谈 / 050

讨论问题 / 056

参考文献 / 056

第三章　交互式数字媒体开发流程和团队 / 058

第一节　团队成员 / 059

第二节　推介项目 / 064

第三节　开发过程 / 068

专业人士访谈 / 076

讨论问题 / 082

第四章　交互式数字媒体的基本组成部分 / 083

第一节　模拟和数字媒体 / 083

第二节　比特和字节 / 083

第三节　文件格式 / 086

第四节　模数转换 / 089

第五节　数字媒体的优势 / 092

第六节　压缩 / 093

第七节　基于描述与基于指令的媒体编码 / 094

第八节　屏幕上的颜色 / 096

专业人士访谈 / 100

讨论问题 / 106

第五章　媒体内容 / 107

第一节　图形 / 107

第二节　基于像素的图像 / 108

第三节　基于矢量的图像 / 113

第四节　2D 动画 / 115

第五节　3D 图形和动画 / 119

第六节　音频 / 122

第七节　交互式数字媒体中的视频 / 128

第八节　文案 / 134

专业人士访谈 / 140

讨论问题 / 144

参考文献 / 144

第六章　交互式数字媒体中的审美 / 146

第一节　排版 / 146

第二节　颜色 / 152

第三节　布局原则 / 157

专业人士访谈 / 169

讨论问题 / 173

参考文献 / 173

第七章　创作交互式数字媒体 / 175

第一节　多媒体创作 / 175

第二节　制作电子游戏：休闲游戏与游戏机游戏 / 178

第三节　构建 App / 179

第四节　为表演和公共场所构建交互式媒体 / 181

第五节　建设网站 / 182

专业人士访谈 / 195

讨论问题 / 199

参考文献 / 199

第八章　可用性 / 202

第一节　为什么良好的可用性很重要 / 203

第二节　在每个阶段实现良好的可用性 / 204

第三节　良好可用性指南 / 207

第四节　快乐指南 / 210

第五节　可用性和用户体验测试 / 212

专业人士访谈 / 215

讨论问题 / 220

参考文献 / 220

索　引 / 222

第一章
什么是交互式数字媒体

当我告诉人们我教"交互式数字媒体"时,人们通常会问:"那是什么?"尽管我已经非常习惯于解释我的研究领域,但我还是很惊讶究竟有多少人不知道交互式数字媒体是什么。我认为最好描述交互式数字媒体的定义是"计算机驱动的体验(通常基于屏幕),它促进了设备和用户之间的交互",或者,正如我的一名学生所说:"您对设备(电脑、平板电脑、屏幕等)做些什么,这个设备就会做一些回应。"实际上我认为这也是一个很好的定义。

交互式数字媒体应用程序可以是网站、传统的独立自助终端、运行在移动设备上的App、电子游戏,或者是由计算机或传感器驱动的博物馆或公共场所中的物理体验。所有这些都是用不同编程语言开发的,运行在不同类型的硬件上,服务于不同目的。然而,它们的共同点是都支持用户和系统之间的双向对话。

第一节 交互式数字媒体不同于其他形式媒体的特点

是什么让交互式数字媒体不同于其他形式的媒体?答案是两个词:用户、交互。当用户体验其他形式的媒体时,例如,观看图像、阅读文本、观看视频或收听音频，媒体不对用户做出响应。这些媒体形式可能会引发用户的某种反应，但用户不会与之交互。

交互式数字媒体不同于其他形式的媒体，这是因为它是一种非线性体验。它不同于视频、音频和文本。视频、音频和文本通常有不同的开头、中间和结尾，用户以顺序方式使用媒体。虽然一些电影具有非线性的叙事结构，即结尾在开头显示，但是观众仍然以顺序方式体验电影。一个经典例子是 2000 年的电影《记忆碎片》，它有两条情节主线，同时向相反方向发展，然后在最后一幕合二为一。从这个意义上说，这部电影有一个非线性的叙事，但观众体验这部电影的方式是受电影剪辑师将它们组合起来的方式所控制的。

每个用户在使用交互式应用程序时可能会有不同的体验。例如，我可能会打开 AroundMe App 并开始寻找药店，而其他人可能会在我周围找到杂货店。即使是像 AroundMe 这样相当简单的 App，用户可以选择的路径也几乎是无限的。对于每个用户来说，体验是动态和独特的。

然而，交互式数字媒体应用的某些部分是需要按线性方式进行体验的。例如，在培训应用程序中，如果用户需要在进入下一个模块之前理解某些内容，信息通常以线性方式呈现。交互式数字媒体中线性体验的另一个例子是电子商务网站的结账部分。在线购物者必须在输入地址、查看订单、添加信用卡信息以及最终结账之前查看购物车。

预先设计较少的交互式数字媒体体验可能是相当具有挑战性的，因为很难预测用户行为。人们经常以设计者和开发者从未考虑过的方式使用应用程序。许多交互式应用失败了，因为设计者和开发者不明白用户想要什么，以及他们将如何使用产品。

交互式应用程序开发过程中的一个重要步骤是尝试预测用户将如何使用该应用程序。设计人员创建如图 1-1 所示的场景，以确定他们的应用程序如何满足不同类型用户的需求。

用户场景 1

塞西莉亚是一个 16 岁女孩，想收养一只小猫咪。它的价格略低于 200 美元，而且它应在 40 千米以内。

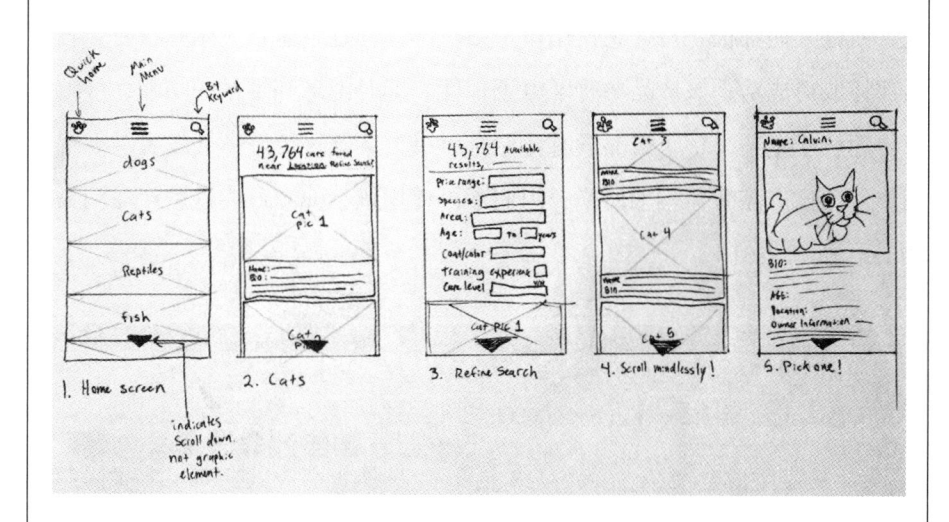

用户场景 2

鲍比是一个 32 岁的男性，他拥有一条黑王蛇。他正在寻找啮齿动物作为他的蛇的天然晚餐。他特别想找到一家比 PetCo 更便宜的饲养鼠供应商。

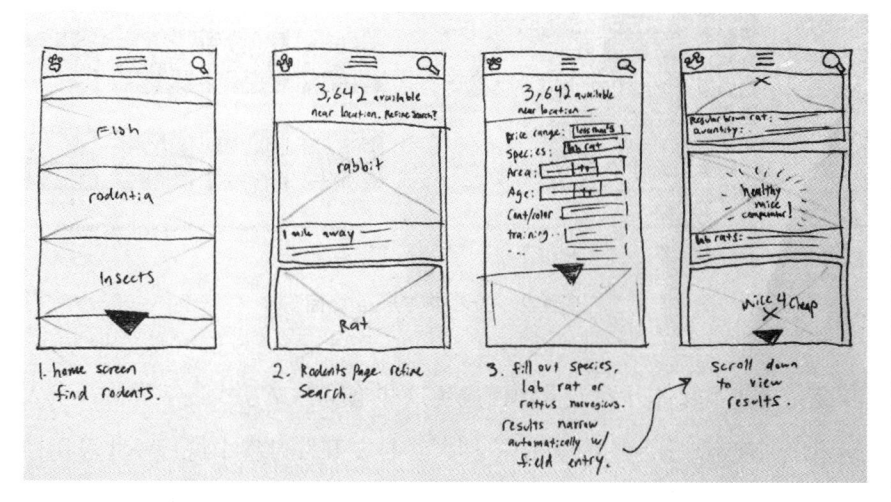

图 1-1 我的一名学生在 App 设计项目中创建的用户场景

有时，即使精心策划，交互式应用还是会因为用户不喜欢使用而失败。例如，2009 年，谷歌推出了一款名为 Google Wave 的产品，旨在简化群发邮件。它得到了大量炒作和宣传。因为群发邮件经常很难跟踪所有线索和回复，所以人们都很兴奋，想使用该产品。不幸的是，这款应用并没有像宣传的那样取得成功。该产品融合了电子邮件、即时消息和维基的功能，导致用户界面过于复杂，整个产品没有比原有解决方案做得更好。开发者没有想到用户使用该产品时会不知所措，因而不再使用该 App。最终这款产品消失了（Fitzpatrick，2010）。

图 1-2　Google Wave 界面

交互式数字媒体开发人员如何避免这些陷阱？交互式数字媒体开发人员了解用户如何与应用程序交互的一种方法是在开发过程中进行一些可用性测试。也就是说，一旦您完成了一个原型或者项目的一部分，您就把它交给有代表性的用户，看看他们是如何与之交互的。这个过程意在指出瑕疵，告诉您需要修复的地方。看到用户如何与您构建的应用程序进行交互，通常是非常令人惊讶的。看起来可能会令人失望，因为您认为直观的东西，对用户来说可能不是。但是在开发周期的早期理解可用性缺陷要比后期好得多。

幸运的是，一些可用性问题可以通过快速修复来解决。例如，不一致的标题会使用户困惑。如果您在一个地方称一个页面为"订单"，而在另一个地方称为"产品列表"，用户对此可能会感到困惑。虽然您可能明白两者是一回事，但用户可能不明白。

我在开发一个电子商务应用程序时，由于没有明确标注，无意中造成了一个可用性问题。这个特殊的电子商务网站有一个登录区，供设计师登录后上传他们要出售的物品。在我们推出之前，设计师们登录并编辑他们的个人资料，添加产品数据。有一回，我增加了一个客户登录，但设计师报告说他们无法登录。我不知道为什么登录突然不能用了。最后，我向一位设计师询问更多关于她试图做什么的信息，我发现她试图通过客户登录方式来进行登录。因为我没有对客户和设计者的登录位置进行不同的标记，所以一直使用该应用程序的设计者只是以为我为他们创建了另一个登录位置。幸运的是，对于这种情况，这个严重的可用性问题是很容易解决的。这提醒了我，用户是多么不可预测的。

第二节 交互式数字媒体的形式

自从交互式数字媒体出现以来，硬件不断发展，产生新的交互的形式、用途和模式，影响我们交流、购物、学习和娱乐的方式。

传统的独立自助终端

自助终端（Kiosk）是一种基于特定位置的交互式（通常是触摸屏）体验，旨在提供指导、提高生产力、促进交流、传递娱乐信息。交互式自助终端是交互式媒体的最初形式，甚至比万维网发明还要早几年。杂货店和药店的自助结账亭以及航空公司的值机亭越来越常见，因为它们已被证明可以提高生产率（Sabatová 等，2016）。在博物馆环境中，自助终端用于吸引和通知游客，增加另一维度的信息或提供与所展示内容相关的体验。[①] 这些现代的触摸屏自助终端现在甚至可以促进协作式的交互式体验。

网站

网站是相互链接的 Web 页面的组合。所有网页都在同一域名下，显示在 Web 浏览器中，可以从任何连接到互联网的计算机上访问。早期的网站主要是"宣传册式网页"，由一些带有相互链接文本的静态页面组成，但随着技术、带宽和协议的发展，它们变得越来越复杂。20 世纪 90 年代末，电子商务网站蓬勃发展。此后不久，博客和社交媒体平台出现在万维网上。

与早期的网站相比，现代网站已经有了很大的发展。因为我们现在可以从各种设备访问网站，所以大多数网站都被设计为响应式的，这意味着它们的布局和内容会根据请求它的设备进行调整。这一高级要求对 Web 设计人员和 Web 开发人员都提出了新的挑战。

移动应用

移动应用程序（App）是现代智能手机诞生后出现的一种独特的交互式数字媒体形式。它们不同于桌面应用程序（在您的计算机上运行的 Microsoft Word 等程序）和 Web 应用程序（在 Web 浏览器上运行的专用程序），因为它们是为在平板电脑、智能手机或手表上运行而设计的，并且通常是为执行特定任务而设计的。一些 App 安装在诸如 Web 浏览器或电子邮件程序的设备上。其他 App 必须通过与设备相关的应用商店购买和下载，例如用于 iPhone 和 iPad 的苹果应用商店。

---

① 得克萨斯州沃斯堡的国家女牛仔博物馆和名人堂，使用多点触控桌来为游客提供独特的交互式体验，允许游客在触控桌面上以触摸方式设计女牛仔主题的作品，能同时在旁边的墙上放大观看这些作品。参见：https://ideum.com/portfolio/national-cowgirl-museum.

自从 App 首次出现以来，它们越来越受欢迎，因为它们通常不贵，易于下载、更新和删除，并为设备提供有趣且有用的增强功能。App 也可以由任何人开发和销售，只要有一个聪明的想法和一点编程知识。这就确保了持续创新。应用商店中总是有新的和令人兴奋的东西。

App 有时会与移动版本的网站混淆，但网站总是在 App 浏览器中查看。公司经常开发 App，使其具有网站的一些相同功能，但是被设计成让某些任务变得简单。精明的公司知道，如果您下载他们的 App，该公司可以向您推送通知，如优惠券和提醒等，以利于他们的业务。

电子游戏

电子游戏是一种在电脑、移动设备或专用游戏机上运行的游戏。用户使用某种类型的物理控制器、传感器或触摸屏与系统进行交互。第一批电子游戏装在电话亭大小的外壳里，被安放在拱廊中，供公众使用。1972 年发行的 Pong 被称为第一部电子游戏，目标是在屏幕上来回击打一个虚拟球。图形很简单——黑白的，并且游戏也很容易理解和好玩（Newman，2017）。Pong 和其他在 20 世纪 70 年代末和 80 年代初发行的早期电子游戏令人激动，这促进了街机文化的建立：孩子们在拱廊中闲逛，把钱花在电子游戏上。

到 20 世纪 70 年代末，电子游戏已经在家中出现，可以通过专门的游戏机来玩。第一个成功的电子游戏机是 1977 年的雅达利（Atari）2600（Newman，2017）。从那时起，电子游戏机有了显著的发展。在过去的 40 年里，我们已经看到了几代游戏设备的出现和消失，从手持游戏机到最新、最先进的支持互联网上协作的游戏设备，以及摆脱了控制器只通过感应玩家手势实现交互的游戏设备。

电子游戏现在已经进入我们所有的设备。我们可以在电脑上或者通过 Web 浏览器，在平板电脑和智能手机上，甚至在手表上玩电子游戏。可用的游戏类型也是多种多样的。一些游戏机上的游戏非常复杂，需要花费大量时间去探索和掌握。增强现实（AR）游戏融合了现实世界和数字空间。虚拟现实（VR）

游戏通过体感方式让玩家沉浸在游戏世界中。"休闲游戏"非常简单,可以在排队等候时在 iPhone 上玩。游戏不再仅仅是为了娱乐;它们被用来教育和培训学生和专业人员。游戏是一个不断增长的行业,有着吸引人的细分市场和商机。

实物装置、展品和表演

博物馆已经成为一个受欢迎的独特的交互式体验的场所。在这里,展览设计师努力创造具有"技术的新颖性和开放性"的体验,以吸引参观者的注意力(Sandifer,2003)。这种新一代的交互式展览鼓励参观者以创新的方式与内容进行互动,这通常促进了参观者之间的协作。例如,在富兰克林研究所,参观者可以借助 Oculus Rift(一种包含护目镜和耳机的 VR 头盔,让佩戴者沉浸在 3D 虚拟世界中)的精密传感器,"发现深海的隐藏之美,飞往外太空的最远边界,以及探索人体复杂的内部机理"(The Franklin Institute, n.d.)。在史密森尼博物馆的"皮肤和骨骼"展览中,参观者通过增强现实 App 观看这些文物时,看到皮肤和伴随骨骼而来的运动(Billock,2017)。

独特而精妙的参与型交互式数字体验设备有时安装在公共空间。大卫·斯莫尔(David Small)的《思想大厅》(Hall of Ideas)就是一个最好的例子。该展览位于波士顿的玛丽·贝克·艾迪图书馆(Mary Baker Eddy Library),展出了从喷泉中冒出来的动画字母。它们从喷泉溢出来,洒在地板上,聚集在人们站立的地方。然后它们慢慢爬上墙,在那里它们排成了引语(小型设计公司:思想大厅[①])。

交互式媒体为戏剧的现场表演增添了新的元素。俄勒冈州波特兰市的特罗基亚牧场的编舞师在他们的舞蹈表演中充分利用它的能力。例如,最近的一部作品,部分是由观众的动作编排的。演出开始时,摄像机记录下观众的动作。然后,软件解释这些图像,向舞者发送信号,告诉他们要表演哪个动

[①] 由小型设计公司设计的玛丽·贝克·艾迪图书馆的"思想大厅"。参见:https://www.smalldesignfirm.com/mary-baker-eddy-library.

作序列（Kaufman，2013）。

基于非屏幕的交互式体验

交互式数字媒体领域中相对较新的创新是基于非屏幕的体验，服务于不同的目的并在不同的环境中使用。虽然它们仍然便于用户与基于计算机的某种类型设备进行通信，但是它们并没有利用传统计算机屏幕。一个非常实用的非屏幕交互式设备的例子是亚马逊的智能音箱 Echo。Echo 可以根据用户的语音指令播放不同类型的媒体。

第三节 开发交互式数字媒体

交互式数字媒体项目在形式、媒介、功能和规模上有很大的不同，这无疑会影响其开发团队的规模和成本。例如，一个有经验的 Web 开发人员可以在几个小时内建立一个网站，但是一个大型的公司网站或定制的 Web 应用程序可能需要几个月的时间来构建，并且需要一大群人来开发。一个简单的文字游戏 App 可能由一个人完成，而一个 AAA 游戏机上的游戏可能需要数百人的团队。一个项目的预算可能是 1000 美元或 100 万美元，只是看需要什么。

尽管如此，这些不同类型的、具有非常不同范围的项目存在一些共同点。团队的规模可能会有所不同，但任务和流程是相同的。在较小的项目中，团队成员必须扮演多重角色。

以下因素会影响交互式项目预算的复杂性，进而影响团队的规模和预算。

1. 所需的交互类型

非常规的交互性（例如，对用户面部表情做出反应的交互式应用程序）需要专门的编程，因此需要更大的预算和团队。

2. 所需的功能

如果应用程序需要能够做很多不同的事情，那么它将会更复杂，需要更长的开发时间。例如，一个允许您为给定的时间段设置计时器的 App 将比一个允许您设置有间隔的计时器并在计时器工作时播放音乐的 App 更容易、更快地开发。

3. 适应能力水平

有适应能力的应用程序是基于用户及其交互历史而变化的。例如，在"您可能喜欢"标题下显示的产品是基于您的购物和浏览历史，亚马逊会跟踪这些历史。换句话说，应用程序正在适应您过去给它的信息。为创建一个有适应能力的应用程序，您需要存储客户行为数据，然后根据某种算法和存储在数据库中的数据向用户动态显示内容。

许多电子游戏具有适应能力，可以记住玩家在游戏中的历史，并根据他们之前的交互行为提供新的挑战和奖励。显然，这需要一些开发技能，也会使应用程序更加复杂。

4. 背后的数据库

数据库是一组相关的信息表。如果您曾经使用过 Microsoft Excel 或 Google Sheets，那么您已经创建了一个表格，其中一个表格有时被称为"平面文件"。但是，对于交互式数字媒体，我们通常使用关系数据库，其中一个表中的一列数据与另一个表中的一列数据"相关"。

几乎您使用的每一个有趣的应用程序都连接到一个数据库。例如，AroundMe App 必须与不同类型企业（酒吧、药店、杂货店等）及其相应位置的数据库进行通信，以便它可以将您的位置数据与它们的位置数据进行比较。基于这两个位置，该 App 计算距离，然后显示结果。如果不能访问数据库中的所有信息，这样的应用程序就无法运行。

显然，数据库是重要且必要的，而且，数据库越复杂，应用程序的开发时间就越长，尤其是如果您必须自己构建数据库的话。但在许多应用程序（如 AroundMe）中，开发人员能够利用已经存在的数据库（不同类型的企业及其位置）以及设备内置的 GPS，开发出一种应用程序，创造性地展示与个人位置相关的信息。

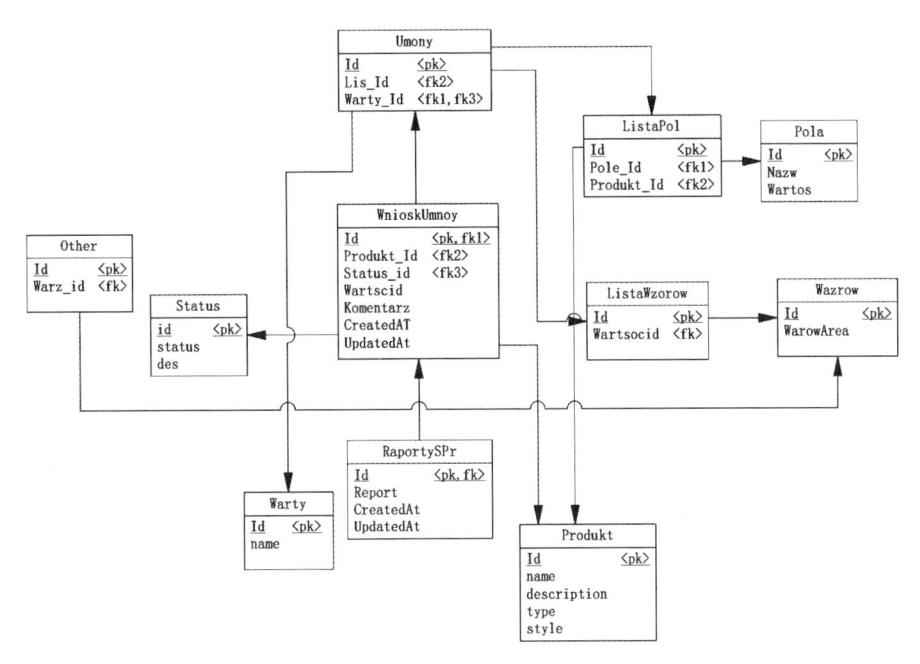

图 1-3　数据库设计图示例

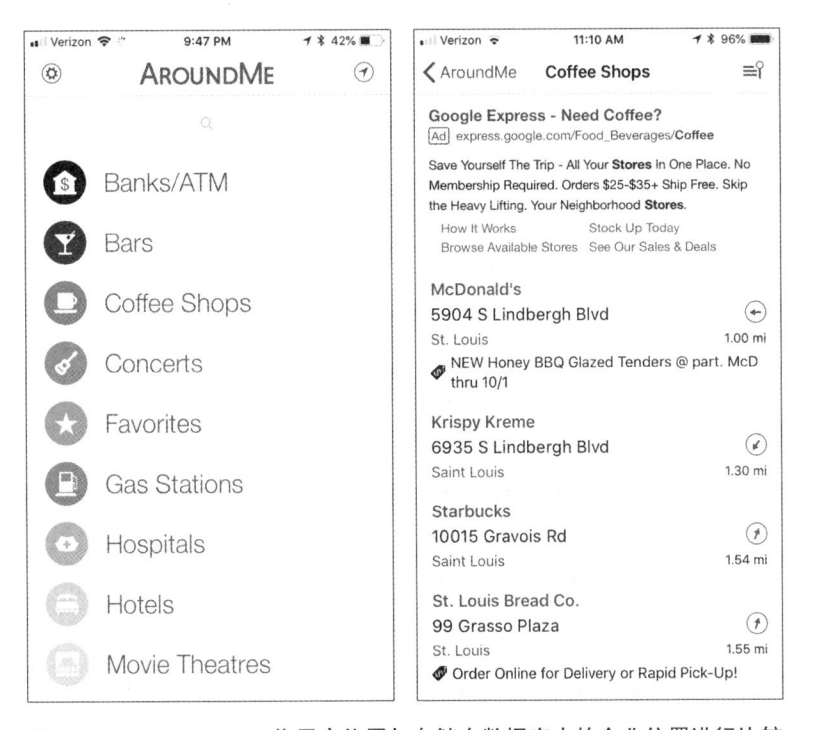

图 1-4　AroundMe App 将用户位置与存储在数据库中的企业位置进行比较

5. 所包含的内容的数量和类型

如果您的应用程序有很多内容,如图片、文本、视频、插图、音乐等,那么就需要更长的时间来开发。想想开发一个冒险游戏所涉及的制作:一个故事需要编写,角色需要被设计,世界需要被3D建模,原创音乐需要被创作和录制。这种类型项目的内容需求是巨大的。

通常,您包含的内容不需要创建,因为它已经存在。如果是这种情况,您的开发团队将总是需要获得适当的授权来使用它。保护这些权利既费时又费钱,增加了项目的整体复杂性和预算。

现在,想想您每天使用和玩的网站、应用和游戏。您对它们的开发有多复杂以及为什么有更好的理解吗?

第四节 交互式数字媒体开发人员的基本技能

开发交互式数字媒体所需的技能取决于一个人在开发过程中所扮演的角色。一名游戏美术师不一定需要成为一名伟大的作家。然而,对于那些进入这个行业的人来说,不管从事什么工作,对各种形式的媒体和交互性的创作有一些实际工作方面的知识都是其应具备的技能。

了解媒体

视频、音频、动画、文本、图形、插图是交互式体验的"肉",通常被称为"内容"。每种媒体形式都需要特别考虑,并且在将它们集成到交互式体验中时,都有一套与之相关的最佳实践。

考虑电子游戏设计师的工作,熟悉媒体可以增加他的游戏被制作出来的可能性。例如,知道创建3D艺术可能非常耗时(并且昂贵),当预算有限时,他可能不会在故事中提出最复杂的3D环境和多个角色。

交互式媒体通常有很大的视觉成分,因此需要视觉沟通技巧来确保用户理解应用程序是什么以及如何使用它。但是交互式媒体应用程序的设计与静态媒体形式（海报、传单、小册子等）的设计有很大的不同。交互式媒体更类似于产品设计，因为它是一种体验，而不仅仅是一种信息。因此，最终用户必须在整个开发过程中指导每一个设计决策。

编写或创作应用程序

交互式产品要么由编写代码的人编写脚本，要么使用创作工具（允许开发人员组合媒体元素、同步内容、设计用户界面和编写交互性脚本的软件）进行构建，要么通过两者的结合来实现。例如，Adobe Dreamweaver（Web编辑器）允许开发人员在编写代码和使用软件中的工具与菜单项之间切换，以构建交互性。

用于构建交互性的编程语言和创作工具取决于所制作的交互式应用程序的最终格式和上下文。例如，Web 开发人员可能在 Dreamweaver 中使用 HTML、CSS、JavaScript 和 PHP 编写代码，而 Apple 的 App 开发人员可能在 Xcode 中使用 Swift 编写代码，游戏开发人员可能在 Unity 编辑器中编写 C# 代码。

第五节　交互式数字媒体的影响

我真的很惊讶，这么多人不知道什么是交互式数字媒体。坦率地说，这是因为它无处不在！交互式媒体技术的普及对我们的日常生活产生了巨大的影响。

智能手机和平板电脑在过去十年才得到普遍使用，然而，截至 2017 年，有 30 亿人拥有和使用智能手机（Bajarin，2017）。虽然智能手机主要是为通信而设计的，但它现在被用作研究工具、娱乐设备、文档助手、健身激励器、GPS 和个人购物助手（以及许多其他东西）。智能手机变得如此有用，以至于"智能手机成瘾"已经成为一个问题。研究人员推测，大量使用智能手机会导致焦虑、抑郁和"过度思考"（Chen 等，2017）。

在智能手机普及之前出现的社交媒体应用程序，一旦在我们的手中变得可以访问，就获得了新的生命。无论何时何地，只要在脸书刷几下，我们就能看到无数老掉牙的内容，比如我们高中时的熟人晚餐吃了什么。但是社交媒体不再仅仅是为了社交。近一半的社交媒体用户从他们在社交媒体上关注的人那里获得新闻（Hermida 等，2012）。不幸的是，并非所有这些新闻都是准确的。而且，随着内容可以在这些渠道上轻松分享，新闻——无论是真实的还是虚假的——已无处不在。由于消费者行为的改变，传统新闻媒体在吸引读者和观众方面举步维艰（Rieder，2014）。通过社交媒体传播的虚假信息被指责破坏了 2016 年美国总统大选（Lardner & Riechmann，2017）。

虽然新的交互式数字媒体技术对某些行业产生了一些负面影响，但它们也能以意想不到的方式彻底颠覆整个行业。例如，考虑一下优步（Uber）和 Airbnb。这些公司利用智能手机的普及及其新功能，以及大多数城市地区高速数据传输的可用性，构建了应用程序。它们完全改变了长期存在的交通和酒店业。

然而，它们所产生的影响并不是我们所期望的。例如，优步远远没有消灭美国的出租车行业。相反，在美国的城市里，个体司机和传统出租车服务的就业人数都在上升！这可能是因为优步司机愿意在仍然有乘车需求的非高峰时间工作，而传统的出租车司机不愿意。优步司机确实比传统出租车司机赚更多的钱，因为优步 App 允许司机"更好地优化他们的时间和服务"（Gaskill，2017）。

Airbnb 更直接地冲击了酒店业。当一个城市有大型活动，酒店房间稀缺且昂贵时，居民可以使用 Airbnb App 来确定如果他们向游客提供房屋，他们每晚可以获得多少收益。这一现象使酒店价格在高峰期受到控制。最新研究显示，"在美国 Airbnb 市场份额最大的 10 个城市中，Airbnb 的进入导致酒店预订量减少 1.3%，酒店收入损失 1.5%"（Gerdeman，2018）。优步和

Airbnb 只是众多公司和组织中的两个。它们证明了一个设计良好的交互式数字媒体应用程序可以在一个行业内创造一场革命（Stone，2017）。

全球电子游戏行业的爆炸性增长无疑影响了我们生活的许多方面。曾经被归入和专门的家用游戏机的电子游戏，现在任何一个拥有智能手机的人都可以使用。纵观全球，我们现在玩游戏比以往任何时候都多，而且电子游戏行业的增长预计不会很快停止（Sun，n. d.）。

根据美国儿科医生学院的数据，8—18 岁的青少年每天花大约 1.13 个小时玩电子游戏（American College of Pediatricians，2016）。因此，研究人员正在研究电子游戏对玩家攻击性水平、注意力持续时间、肥胖率等方面的影响，得出各种各样的结论。一些研究表明，游戏激发暴力行为；而其他人则吹捧游戏对感知和认知的好处（Bushman & Gibson，2010；Boot 等，2011）。现在游戏行业有一股推动力量，要求游戏公司开发具有更积极效果的游戏，尤其是针对青少年的游戏。

人们对游戏的兴趣和沉迷已经激发了教育工作者甚至行政管理人员使用游戏方式来激励学生或员工。这种技术被称为游戏化。游戏设计元素和原则被应用在非游戏环境中。这种想法是，在游戏的背景下设定一个目标，将会吸引"玩家"，使他们更有可能达到预期结果。

第六节　交互式数字媒体方面的就业机会

交互式媒体专业的学习课程可能包括设计、编程和学习如何使用不同形式的媒体。最终，大多数从业者专攻其中一个领域。然而，对于交互式数字媒体的独立制作人来说，什么都做一点点并不罕见。无论是哪种情况，了解开发过程的所有方面都是很有价值的，这样您就可以自己动手，或者更好地与负责制作的专家交流。

这个行业有各种各样的就业机会。对我的学生来说，最常见的职业道路之一是成为一名在市场营销、广告或专业交互式开发工作室中工作的设计师或开发人员。在这种角色和环境中，您做的是客户驱动的工作。在大型广告/营销公司中，交互式项目可能是大型合同的一小部分。但是，如果您为一家较小的专业交互式开发工作室工作，您的作品可能会从一家较大的营销公司分包来的，因为一个更专业的工作室将只专注于交互式工作。在这两种情况下，这些公司都是面向不同专业领域的服务型企业。由于对交互式媒体的需求如此之高、范围如此之广，公司可以专门在一个领域中开展业务。例如，一些公司擅长交互式博物馆展览，一些可能是休闲手机游戏的专家。

交互式媒体专业人士的就业机会几乎存在于任何公司或组织，因为几乎所有公司或组织都至少有一个网站。有些甚至有内部 Web 应用程序或 App 需要开发和维护。较大的公司，尤其是那些在 Web 上开展业务的公司，通常有一个专门的内部团队。学区和大学也提供就业机会，因为它们都有强大的网站和社交媒体渠道，需要不断维护。

为电子游戏公司工作是交互式数字媒体专业学生的另一条职业道路。虽然 AAA 游戏程序员往往来自计算机科学背景，但现在许多游戏都是用其他形式的交互式媒体中更常用的语言构建的。此外，用户体验设计和媒体审美方面的技能可以用在游戏行业。

另一条职业道路可能是为软件公司工作。显然，软件公司雇用程序员，但也需要写代码之外的专业知识。设计和可用性是很重要的考虑因素。除了像微软和 Adobe 这样的软件公司，还有成千上万的软件公司。不同的行业需要专门的软件或基于 Web 的应用程序来执行该行业的特定任务。

必须开展培训的领域需要交互式数字媒体方面的专家。想想您在生活中用过的所有教科书，大多数都附有 CD 或网站来帮助教授书中的内容。在线课程在大学越来越受欢迎。现在大多数大学都有专门负责在线学习的部门。通常在开发这些课程时，必须构建交互式应用程序来增强课程内容。即使在企业界，交互式培训对许多组织来说也是普遍和重要的。

拥有交互式数字媒体技能的一大好处是，成为个体经营者或自由职业者非常容易。制作许多交互式应用程序所需的工具相当便宜：一台电脑和一些软件。相比之下，例如，一名音频工程师可能需要在工作室预订时间，并支付高昂的小时费用来经营他的业务。另一个好处是您可以在任何地方工作（通过 Wi-Fi 连接）。实际上，我为从未见过面的客户开发过网站。所以，如果您喜欢灵活性，那么这个领域可能适合您。

一些公司严重依赖自由职业者，因为他们可能会得到一个大项目，需要额外的帮助，但不想雇用全职员工。一旦您被认为是一个可靠的自由职业者，大多数公司可能会重新雇用您。开始自由职业的一个很好的方法是为一家大公司工作一段时间，然后如果您想自己出去工作，并想可能有机会再回到那家公司，那么您就不时为他们做自由兼职，因为他们知道您和您的工作质量。许多自由职业者将大公司分包的项目和他们直接与客户合作的项目结合在一起。还有很多网站可以帮助自由职业者找到工作，比如 elance.com 和 upwork.com。虽然自由职业不能提供全职工作的稳定性，但您通常可以收取更高的小时费用，因为雇用您的公司不必支付福利或保证您有一定的工作时间。

即使您不把交互式数字媒体作为您的主要专业，获得这些技能仍然有很多好处，尤其是如果您有创业的雄心。无论您是想开一家面包店、一家录音室或者一家公关公司，建立一个网站都会是您的第一步，如果您能自己做，您会省下一大笔钱。但是，即使您雇用其他人来建立您的 Web 网站，您也能用他们的语言交流，知道如何改进网站以更好地满足您的需求。一旦您的网站上线，您也会更好地理解如何策略性地使用社交媒体，优化您的网站以被搜索引擎识别，并在网上建立您的可信度。如果您想在网上销售产品和服务，您会更好地了解如何建立一个电子商务网站，包括设置购物车，建立产品数据库，制作图像，最后营销您的商店。

如您所见，交互式数字媒体专业的学生有很多机会。虽然获得这些技能需要大量的动手实践，本书对这门学科做了概述。本书涵盖交互式媒体多个方面的内容，从它的来源到如何制作其中的媒体内容，再到使它快乐和可用的设计选择。准备好开始了吗？请继续阅读。

专业人士访谈

海蒂·麦克唐纳（Heidi McDonald）

iThrive Games——美国宾夕法尼亚州匹兹堡

电子游戏能对玩家产生积极的影响吗？海蒂·麦克唐纳是这样认为的，并有相关研究支持这一观点。作为总部位于匹兹堡的非营利组织iThrive Games的高级创意总监，海蒂的使命是"将有意义的、基于游戏的成长机会，注入供青少年使用的虚拟和现实环境中"。

iThrive是做什么的？

iThrive致力于心理健康和游戏的结合，为青少年谋福利，试图找到游戏可以用于产生亲社会结果的方式，以使青少年生活得更好。它的三个部门是心理健康、教育和行业拓展。心理健康部门直接与心理健康临床医生接触，学习他们如何在与儿童打交道的工作中使用游戏。教育部门帮助教育者使用游戏作为媒介向他们的孩子传递重要的软技能。行业拓展部门试图让游戏行业参与进来，提供关于设计游戏的最佳实践的资源，这些资源可以促进积极的结果，如最新的神经科学和社会心理学所提供的同情心和乐观主义。

行业对您的使命是否做出积极回应了呢？

是，也不是。我们在大学领域和独立领域都得到了坚定的支持。这对于AAA工作室的开发人员来说有点困难，因为他们做任何事情都需要一个商业理由。因此，我们的目的是建立一个商业案例，创造更多对社会负责的游戏，试图获得他们的认同。

您的背景是什么，您是如何得到这份工作的？

虽然我在大学主修的是电影和传媒，但因为偷偷参加了一个游戏会议，我最终选择了电子游戏这个行业。我一生都是一名游戏玩家，但我从未真正将它视为职业。在那次会议上，我学到了三件改变生活的事情：第一，制作电子游戏是一份工作；第二，女性可以做这份工作；第三，匹兹堡的一家公司 Schell Games 制作电子游戏！我被迷住了。

最终，通过坚持和运气，我在 Schell Games 找到了一份实习工作。从那以后，我在游戏行业担任了各种角色，包括客户方创意指导、业务开发、叙事设计、系统、功能、关卡以及任务设计和实现。

自从您涉足这个行业以来，它发生了怎样的变化？

我在这个行业只有七年多一点的时间，我看到的一件事是，单纯的游戏文案编写已经不够用了。AAA 工作室的文案编写人员也经常被期望去实现所写的文案。所以，如果我编写文案，我也需要知道如何进入 Unity，把角色放到游戏世界中，并指明他们要走的路径。

我认为最先进的工具如 Unity 和 Unreal 的易用性非常棒，因为现在任何想要制作游戏的人都可以下载与专业工作室正在使用的相同的工具集，然后制作游戏。这令人惊喜，因为现在您听到了所有这些原本可能不会被听到的声音。

我在手机游戏及货币化领域看到了许多变化。现在，免费 App 内置付费功能的现象非常普遍。当我刚进入这个行业的时候，我们必须做大量的分析，以确定付费墙应该放在哪里。我认为现在关于什么可行、什么不可行的问题已经更加明显了。

我也明白了观众是善变和不可预测的。我见过一些精彩游戏，但是没人注意到；后来，您得到了一个像《愤怒的小鸟》(Angry Birds)一样的游戏，却十分走红！您永远不知道会碰到什么。《山羊模拟器》(Goat Simulator)可能是有史以来发行的缺陷最多的游戏，它很受欢迎竟然因为它缺陷特别多！

电子游戏发生了怎样的变化？

AR和VR肯定已经成为一种东西，但我不知道AR和VR需要多长时间才能在消费者群中普及，因为它在很大程度上仍然是富有的白人男性的事情——那些买得起设备的人。我见过申请补助金并获得虚拟现实耳机的学校，它只是放在那里积灰，因为学校没有所需要的游戏内容，或者计算机不支持它。

密室逃脱绝对是现在的一种趋势。像洛杉矶和旧金山这样的大城市有大量的人来做这些交互式剧场体验。这些体验是按照脚本进行的，人们付费一起做，就像一个公共的现场/虚拟游戏。

幸运的是，游戏行业开始认识到游戏玩家在年龄和性别方面的多样性，并探索不同的主题。娱乐软件协会称，增长最快的游戏玩家群体是35岁以上的女性。因此，许多公司会试图通过开发这些女性都喜欢的、与其相匹配的或隐藏对象的游戏来解决这个问题，试图吸引这些女性。但是，事实可能并非如此。我觉得我们需要三四十岁的女性来为三四十岁的女性开发游戏。

您见过电子游戏对玩家产生积极影响吗？

2019年9月，我们去迪吉彭理工学院（DigiPen Institute of Technology）举办了一个关于同理心的游戏制作比赛。那里有一个年轻、害羞的17岁女孩，她对去迪吉彭非常感兴趣，这就是她出现在游戏制作节的原因。尽管她从未制作过游戏，但她帮助制作的游戏获得了一等奖！

我们觉得这太神奇了，于是开始拍摄视频，问她为什么要做游戏设计师。我们谁也没有为她所讲的故事提前做好准备。她告诉我们，她是独立游戏《兄弟：两个儿子的故事》(Brothers: A Tale of Two Sons)的忠实粉丝。这是关于两个兄弟的故事，其中一个带着破碎的爱情逃跑并被杀害。这款游戏帮助她渡过了失去姐姐的难关。她的姐姐离家出走，随后被男友谋杀。她说玩游戏能让她感觉和姐姐亲近。她想成为一名游戏设计师的原因是她想为其他人创造体验来帮助他们，就像这个游戏帮助她一样。

她的故事深深打动了我，我告诉了迪吉彭理工学院的人。结果是，负责奖学金的家伙碰巧接了电话，同意向她提供学校的奖学金。现在她是迪吉彭理工学院的新生。2020年，在游戏制作节，她带领一个学生团队制作了另一个非常有创意的游戏。很难相信这是同一个女孩。

目睹 iThrive Games 直接影响青少年的生活是一件很伟大的事情。这些故事都出自我们的工作。

讨论问题

（1）您有没有在手机上下载了一个 App，然后因为觉得太难用而删掉的经历？那是什么 App？为什么难以使用？App 的设计者和开发者如何解决这个问题？

（2）在获得学位甚至参加交互式媒体课程后，一个人能找到什么样的工作？找到一个工作列表并分享它。您为什么认为这份工作适合交互式媒体专业？您觉得这份工作有趣或令人兴奋吗？

（3）想一想您使用的交互式媒体应用程序。读完这一章后，您对这个应用程序有什么新的见解？您认为应用程序开发起来复杂吗？（用本章的术语解释）

（4）您能想到一个改变了您生活的交互式数字媒体应用吗？如果能，它是什么，它如何改变了您的生活？

（5）交互式媒体在我们生活中的普及有哪些积极和消极的方面？

参考文献

American College of Pediatricians（2016）. The Impact of Media Use and Screen Time on Children, Adolescents, and Families,（November）. Online. Available at：https://www.acpeds.org/the-college-speaks/position-statements/parenting-issues/the-impact-of-media-use-and-screen-time-on-children-adolescents-and-families.

Bajarin, T.（2017）. In a Mobile-first World, Don't Forget the PC. *PC Magazine*, 26–28.

Billock, J. (2017). *Five Augmented Reality Experiences that Bring Museum Exhibits to Life. Smithsonian Magazine*, June 29. Online. Available at：https://www.smithsonianmag.com/travel/expanding-exhibits-augmented-reality-180963810.

Boot, W., Blakely, D., & Simons, D. (2011). Do Action Video Games *Improve Perception and Cognition? Frontiers in Psychology*, 2 (226) .Online. Available at：https://doi.org/10.3389/fpsyg.2011.00226.

Bushman, B. J., & Gibson, B. (2010). Violent Video Games Cause an Increase in Aggression Long After the Game Has Been Turned Off. *Social Psychological and Personality Science*, 2 (1), 29–32. Online. Available at：https://doi.org/10.1177/1948550610379506.

Chen, B., Liu, F., Ding, S., Ying, X., Wang, L., & Wen, Y. (2017). Gender Differences in Factors Associated with Smartphone Addiction：A Cross-sectional Study Among Medical College Students. *BMC Psychiatry*, *17*, 1–9. Online. Available at： 10.0.4.162/s12888-017-1503-z.

David Small Design：Hall of Ideas (n.d.). Online. Available at：http://smalldesignfirm.com/project/mary-baker-eddy-library/#hall-of-ideas.

Fitzpatrick, S. F. (2010). Google Wave is all Washed Up. *American Libraries*, 41 (9), 12. Online. Available at：www.jstor.org/stable/25734641.

The Franklin Institute (n.d.). Virtual Reality at the Museum. Online. Available at：https://www.fi.edu/exhibit/virtual-reality-museum.

Gaskill, A. (2017). Study Explores the Impact of Uber on the Taxi Industry. *Forbes Magazine*, January 26. Online. Available at：https://www.forbes.com/sites/adigaskell/2017/01/26/study-explores-the-impact-of-uber-on-the-taxi-industry.

Gerdeman, D. (2018). The Airbnb Effect：Cheaper Rooms For Travelers, Less Revenue For Hotels. *Working Knowledge, Harvard Business School*, 26

February. Online. Available at：https://hbswk.hbs.edu/item/the-airbnb-effect-cheaper-rooms-for-travelers-less-revenue-for-hotels.

Hermida，A.，Fletcher，F.，Korell，D.，& Logan，D.（2012）. SHARE, LIKE, RECOMMEND. *Journalism Studies, 13 (5–6), 815–824. Online. Available at*: https://doi.org/10.1080/1461670X.2012.664430.

Kaufman，S.（2013）. Choreography and Computers. *Washington Post*. 15 March.

Lardner，R.，& Riechmann，D.（2017）. Russia "Used Fake News and Propaganda" to Undermine U.S. Election，FBI Says. *Time.com*. Online. Available at：https://time.com/4826603/russia-fake-news-us-election-meddling/#.

Newman，H.（2017）. The History of Video Games，in One Infographic. *Forbes Magazine*，29 March. Online. Available at：https://www.forbes.com/sites/hnewman/2017/11/29/the-history-of-video-games-in-one-infographic/#7ef630961a5c.

Rieder，R.，（2014）. Don't count newspapers out just yet. *USA Today*，October 2. Online. Available at：https://www.pressreader.com/usa/usa-today-us-edition/20141002/textview.

Sabatová，J.，Galanda，J.，Adamčík，F.，Jezný，M.，& Šulej，R.（2016）. Modern Trends in Airport Self Check-in Kiosks. *MAD–Magazine of Aviation Development*，4（20）10–15. Online. Available at：https://doi.org/10.14311/MAD.2016.20.02.

Sandifer，C.（2003）. Technological Novelty and Open-endedness：Two Characteristics of Interactive Exhibits that Contribute to the Holding of Visitor Attention in a Science Museum. *Journal of Research in Science Teaching*，40（2），121–137. Online. Available at：https://doi.org/10.1002/tea.10068.

Stone，B.（2017）. *The Upstarts: How Uber, Airbnb, and the Killer Companies of the New Silicon Valley are Changing the World*. Boston，MA：

Little, Brown and Company.

Sun, L.（2018）. VR, Video games will Lead U.S. Entertainment Industry Growth. *USA Today*. 23 January. Online. Available at：https://eu.usatoday.com/story/money/markets/2018/01/23/a-foolish-take-vr-and-video-games-will-lead-us-entertainment-industry-growth/109097088/.

第二章
交互式数字媒体的历史

交互式媒体应用已经变得无处不在,并影响着当今生活的许多方面。我们如此依赖这些技术,很难相信它们仅仅存在了几十年。在这段时间内,用户控制的互联媒体等一度看似遥不可及,现在在技术上已经变得可行。然而,要实现这一切,需要令人印象深刻的创造性思维、协作以及计算机硬件和网络的进步。

第一节 计算机的起源

对于所有形式的交互式媒体来说,计算机是最基本的开发和交付工具。虽然我们的许多交互式媒体现在都是在手持设备上消费的,但从技术上来说,它们仍然是计算机,尽管非常小。计算机的发展并不是由创造和传递交互式媒体的愿望所驱动的。相反,它被认为是进行复杂数学计算的省时设备。

> 分析机织出代数图案,就像提花机织出花和叶子一样。
> ——阿达·洛芙莱斯,1843 年(Evans,2018,第 20 页)

阿达·洛芙莱斯（Ada Lovelace）伯爵夫人是一位受过良好教育、有数学头脑的战前英国女性。她在参加数学家兼发明家查尔斯·巴贝奇（Charles Babbage）每周一次的沙龙时第一次了解到他和他的神奇机器。巴贝奇经常举办盛大的社交活动，炫耀他的最新发明和所获物品作为娱乐活动。巴贝奇最显著的成就是建造了一台叫作差分机①的机器，它可以解微分方程。它的灵感来自提花机。提花机从穿孔卡片接收指令，并按照规定的动作生成编织图案。差分机至少包括 8000 个单独的组件，通过在轮子上设置初始值来"编程"，然后转动曲柄来获得数学方程的结果。这台机器远远领先于它的时代。除了可以当作一个很棒的派对把戏，它还给英国政府留下了深刻的印象，并向巴贝奇提供了进一步开发机器的基金。

阿达·洛芙莱斯被巴贝奇和他的机器迷住了，两人开始通信。她开始为巴贝奇做记录。巴贝奇不再对差分机进行完善，而是着手建造一台更大、更好的机器。它被称为"分析机"。阿达以诗意的语言描述了分析机能够做什么，描绘了它的潜力。有人认为阿达比巴贝奇本人更了解巴贝奇发明的意义。在她的文章中，阿达将分析机描绘为一种机器，可以"通过编程和反复编程来完成无限和可变的任务"（Isaacon，2014，第 25 页）。她解释说："任何可以用符号表示的东西——数字、逻辑，甚至音乐——都可以交给机器做出奇妙的事情"（Evans，2018，第 20 页）。实质上，她描述的是 1843 年的一台现代计算机。

计算机技术又停滞了将近一个世纪，直到一位名叫艾伦·图灵（Alan Turing）的富有远见的英国数学家开始编写一种装置，它可以做的远不止是计算。事实上，他描绘了一台机器，它的外观和行为都很像现代计算机，使用的语言甚至比洛芙莱斯的语言更精确。例如，图灵描述了一种机器上的"读/写头"，它的工作方式就像现代计算机上的硬盘驱动器一样。他提出这

---

① 用于娱乐的巴贝奇差分机。参见：http://commons.wikimedia.org/wiki/File:Babbage_difference_engine.JPG.

样的想法多少有些无意。

1937 年，当图灵还是一名研究生时，他在《伦敦数学学会会报》（*Proceedings of the London Mathematical Society*）上发表了一篇文章，题为《论可计算数在判定问题中的应用》。判定问题（Entscheidungsproblem）是数学天才戴维·希尔伯特（David Hilbert）在 1928 年提出的一个问题。他问："有没有某种程序可以确定一个特定的陈述是否是可证明的？"（Isaacon，2014，第 43 页）。图灵认为没有。为了证明他的论点，图灵描述了一台可以解决任何问题的机器。如果它找到了解决方案，机器就会停止，否则它将永远循环下去，永远也找不到解决方案。虽然图灵的证明很巧妙，但他的论文的更大意义在于他"提出了第一个真正可用的计算机模型"（Leavitt，2006，第 105 页）。他富有远见的理论机器被称为"图灵机"，艾伦·图灵被称为"现代计算机之父"。

虽然图灵和巴贝奇从未建造过他们的梦幻机器，但他们的工作激发了下一代发明家。1937 年，哈佛大学一位名叫霍华德·艾肯（Howard Aiken）的物理学博士生在校园内一栋建筑的阁楼上发现了一台巴贝奇差分机的演示模型，这将是帮助他进行研究所需复杂计算的完美工具。他成功地游说哈佛大学与 IBM 合作进一步开发巴贝奇差分机，最终制造出一台新机器，于 1941 年首次亮相，名为"Mark 1 号"。Mark 1 是一个功能齐全的、全自动的"五吨重的计算器"，可以从纸带接收指令（McCartney，1999，第 26 页）。但是，它不是电子的，仅是电磁的。

在 20 世纪 40 年代早期，世界上其他一些独立的发明家开发了计算机，每一种都有不同的优缺点和功能水平。这些机器的主要目的是进行数学计算。这在第二次世界大战期间对盟军来说是至关重要的。那时，计算一枚导弹的弹道可能需要一周或更长时间。计算能力落后于火力。

1943 年，战争对盟军来说并不顺利。希特勒占领了欧洲大部分地区，日本坚守阵地。由于迫切需要更强的计算能力，美国陆军代表与宾夕法尼亚大学摩尔工程学院签订了合同，要求他们协助进行这些计算。宾夕法尼亚大学因拥有微分分析器［另一种旨在解决微分方程的机械模拟计算机，由麻省理工学院电气工程教师范内瓦·布什（Vannevar Bush）发明］而成为受欢迎的计算中心。摩尔工程学院也是约翰·莫奇里（John Mauchly）的雇主。这位新教授有一个想法，要建造一个"可以取代所有（人类）计算机的电子计算器"（McCartney，1999，第 55 页）。1943 年，当军方听到这个消息时，他们很乐意提供资金来实现莫奇里的想法。

在摩尔工程学院，莫奇利与普雷斯珀·埃克特（Presper Eckert）和一个工程师团队合作，建造了后来被称为 ENIAC（Electronic Numerical Intergrator and Calculator）的电子数值积分器和计算器[1]。普雷斯珀当时是一名非常聪明的电气工程专业应届毕业生。虽然他们的设计借鉴了莫奇里见过的其他机器的想法（后来导致了法律纠纷），但与它们的不同之处在于，ENIAC 完全是电子和通用的。这意味着它可以被编程来完成各种任务。具有讽刺意味的是，直到 1945 年战争刚刚结束不久，ENIAC 才准备好投入使用。

虽然 ENIAC 可以运行不同类型的程序，但加载新程序需要手工给机器重新接线。ENIAC 工程师需要弄明白如何让计算机执行各种任务，因此他们招募了一个最优秀的计算机团队［六名女性：弗朗西斯·比拉斯·斯宾塞（Frances Bilas Spence）、伊丽莎白·詹宁斯（Elizabeth Jennings）、露丝·利奇特曼（Ruth Lichterman）、凯瑟琳·麦纽提（Kathleen McNulty）、伊丽莎白·斯奈德·霍尔伯顿（Elizabeth Snyder Holberton）和玛琳·韦斯科夫·梅尔策（Marlyn Wescoff Meltzer）］来搞清楚如何对 ENIAC 进行编程（Isaacon，2014，第 87 页；McCartney，1999，第 95 页）。这些女性基本上发明了计算机编程，创造了至今仍在使用的术语，如"子程序"代表可重复使用的代码块，"缺陷（Bug）"代表程序中的小故障。她们甚至在编程方面取得了重大胜利，让 ENIAC 及时计算出弹道轨迹，以便公开亮相。ENIAC 意义重大，因为它是世界上第一台通用电子计算机。

---

[1] 电子数值积分器和计算器（ENIAC）。参见：https://commons.wikimedia.org/wiki/ENIAC#/media/File:Eniac.jpg。

第二节　计算机的进化

在整个 20 世纪 50 年代，计算机是可以装满整个房间的庞然大物。它们的大小取决于其内部所包含的部件：数千个真空管（一种不含空气的玻璃管，内含控制电子流的电极）。例如，ENIAC 体积约为一个 4 米 × 4.5 米的房间大小，重 5 吨，由 17486 个真空管组成（McCartney，1999，第 101—102 页）。

1947 年，贝尔实验室的威廉姆·肖克利（William Shockley）、约翰·巴丁（John Bardeen）和沃尔特·布拉顿（Walter Brattain）发明了晶体管，这是让计算机变得更小的第一步。晶体管是一种固态电子开关，可用作真空管的替代品。这是一项激动人心的发明，因为它比真空管体积小得多，耗电也少得多。它产生的热量也更少，这使它不会很快失效。

微芯片的发明和集成进一步缩小了计算机的体积。微芯片是在一小片平坦的半导体材料（通常是硅）上的一组电子电路，取代了晶体管、电阻器和电容器等庞大的单个电子元件。微芯片实际上是由位于两个不同地方的两个人构思的：德州仪器的杰克·基尔比（Jack Kilby）和仙童半导体公司（Fairchild Semiconductor，后来的英特尔）的罗纳德·诺伊斯（Ronald Noyce）。他们相互竞夺该发明的专利权，导致了法律纠纷，然而双方都能够从他们的发明中获利（iProgrammer，2010）。

英特尔（Intel）成为微芯片（以及后来的微处理器）技术的领导者，提高了微芯片技术的速度和功能，同时使其更小、更便宜。英特尔联合创始人戈登·摩尔（Gordon Moore）注意到这一趋势后，于 1965 年做了一个大胆的预测。他推测，计算机的能力将每年翻一番，而成本减半。他的想法被称为"摩尔定律（Moore's Law）"。在以后许多年里，这个定律都被证明是非常准确的。

计算机的进步不仅仅是在更小的封装中提高了性能，它还涉及交互模式的演变。就像阿达·洛芙莱斯描述的提花织机一样，早期的计算机接收穿孔卡片上的指令，计算机可以阅读、解释并作出反应。如果穿孔卡片上的程序有错误，该卡片就需要更正并重新输入计算机。到 20 世纪 60 年代中期，哑终端[①]（一种依赖主机处理能力的计算机工作站）出现了，改变了用户与计算机交互的方式。这种新的人机交互模式促进了计算机和用户之间的实时对话。然而，由于大型计算机被许多用户同时访问，计算机时间是有限的，因此是宝贵和昂贵的。少数能接触到计算机的幸运儿在日益增长的计算机行业的竞争中占了上风。事实上，获得计算机使用时间是比尔·盖茨（Bill Gates）具有如此多的编程经验的原因之一。他所在高中具有远见的母亲俱乐部筹集了资金来支付这笔费用。

尽管在 20 世纪 60 年代和 70 年代初，外行人还很难接触到计算机，但一些激进人士敢于梦想拥有自己能掌控的计算能力，而不是在几个用户之间共享。个人拥有自己电脑的想法与 20 世纪 60 年代盛行的"权力属于人民"的理念是紧密相连的。加州湾区既是反主流文化的圣地，也是计算机技术的圣地。这并非巧合。在湾区，嬉皮士与技术人员相互交流，形成了一些团体，如总部位于加州帕洛阿尔托的自制计算机俱乐部，史蒂夫·乔布斯（Steve Jobs）和史蒂夫·沃兹尼亚克（Steve Wozniak）经常光顾该俱乐部。这个嬉皮士和书呆子的组合对于将计算技术能由个人使用的想法感到很兴奋。而仅仅几年后，它就成为现实。

第三节　个人电脑的出现

到 20 世纪 70 年代初，由于斯坦福大学（Stanford University）在离该校

[①] 20 世纪 70 年代末的哑终端。参见：https://commons.wikimedia.org/wiki/File:Zenith_Z-19_Terminal.jpg.

不远的一个企业园区投资，英特尔和雅达利等新技术公司在旧金山以南的山谷地区扎根。这个地区后来被称为"硅谷（Silicon Valley）"，这是因为记者唐·霍夫勒（Don Hoefler）在一篇关于当地计算机芯片公司在该地区兴起的报纸文章中创造了这个术语。然而，尽管如此多的高科技公司集中在旧金山南部，但第一台个人电脑却出现在约 1610 千米以外的新墨西哥州阿尔伯克基的一个购物中心（Bernard，2017）。

埃德·罗伯茨（Ed Roberts）曾多次创业。他（出于振兴摇摇欲坠的计算器业务的迫切需要）想制造一台可以由业余爱好者自己组装的计算机。罗伯茨以"星际迷航"系列中的一颗星星命名，使用英特尔微处理器，向世界推出了第一台个人电脑：Altair 8800[①]。罗伯茨的公司（名为 MITS）原打算只卖几百台，而实际上每天都能卖出几百台，并尽力满足需求。Altair 登上了 1975 年 1 月《大众电子》（*Popular Electronics*）杂志的封面，进一步推动了人们的需求，并被那些梦想参与个人电脑革命的电脑极客疯狂争抢。

当那期《大众电子》杂志发行时，正值比尔·盖茨是哈佛大学的大三学生。他当时已经是一名熟练的程序员，与比他年长、更成熟的商业伙伴保罗·艾伦（Paul Allen）一起承担项目。两人认识到这是他们利用个人电脑进行革命的时刻。他们称他们的合作伙伴关系为"微-软（Micro-soft）"。他们联系了 MITS 的埃德·罗伯茨，说服他将 BASIC 编程语言解释器版本授权给 Altair，允许爱好者在上面编写和运行程序。罗伯茨同意了。这笔交易成为微软未来发展业务的样板（Huddleston，2018）。

Altair 8800 不是每个人都能使用和喜爱的电脑。尽管它可以被编程用于播放音乐、游戏和进行简单的计算，并受到帕洛阿尔托自制计算机俱乐部成员等极客爱好者的欢迎，但 Altair 不是为普通用户制造的。该俱乐部成员史蒂夫·沃兹尼亚克（Steve Wozniak）是一名电子极客，刚从斯坦福大学毕业，

---

① 世界上第一台个人电脑 Altair 8800。参见：https://commons.wikimedia.org/wiki/File:Altair_8800_computer_at_CHM.jpg。

与父母住在一起，专注于制造像"拨打笑话机"这样的设备。他的朋友和计算机爱好者同行史蒂夫·乔布斯看到了利用沃兹尼亚克的工程技能开发出比 Altair 更好、更易于操作的个人电脑所具有的更多商业潜力。乔布斯设想了一种可以放在桌子上、任何人都可以使用的一体化电脑，并说服一家当地特色店的老板，他和沃兹尼亚克可以制造出这种电脑。出乎意料的是，沃兹尼亚克和乔布斯如期交付了电脑。1976 年苹果电脑诞生了。

其他公司也加入进来，生产他们自己版本的个人电脑。主要生产笨重大型主机的 IBM 公司加入了这个赛道，并发布了他们自己的个人电脑。但是随着制造商向市场推出新的计算机，他们意识到为了让消费者能够使用它们，他们需要出售安装了操作系统的计算机。比尔·盖茨和保罗·艾伦看到了这次商机并抓住了它。

由于他们与 MITS 和 Altair 的合作取得了成功，并在西雅图建立了公司总部，盖茨说服 IBM 获得他和艾伦编写的个人电脑操作系统的许可。他们将该操作系统于 1981 年发布的版本称为 MS-DOS，代表"微软磁盘操作系统（Microsoft Disk Operating System）"。用户可以在运行 MS-DOS 的计算机上完成基本的计算任务，如运行程序、编写代码、管理文件和文件夹。因为 IBM 被视为个人电脑的领导者，所以新的模仿 IBM 的同类产品相继出现，也从微软获得了 MS-DOS 操作系统的许可。很快一家软件垄断企业就诞生了。

第四节　图形用户界面

为了成功地与运行 MS-DOS 的计算机交互，用户必须学习一种新的语言。MS-DOS 是命令行驱动的，用户希望计算机执行的每项任务都需要以文本形式输入。例如，要更换目录，用户需要键入"cd"，然后输入所需的文件路径以进入预期的目的地。此时，个人电脑也不支持鼠标或图形用户界面。然而，具有讽刺意味的是，在微软 MS-DOS 成为 IBM 个人电脑和其他同类产品事实上的标准操作系统的几年前，一些创新者已经建立了一种对用户更加友好的人机交互方法。

道格拉斯·恩格尔巴特（Douglas Englebart）是斯坦福研究所（Stanford Research Institute，SRI）"增强人类智力研究中心"实验室的主任。他的团队专注于发明计算机相关技术（如计算机鼠标、点阵显示器和超文本）。这些技术旨在"增强"用户的智力。恩格尔巴特认为，随着技术使"世界变得越来越复杂，人们（需要）利用它的力量来帮助人们合作和解决问题"（Douglas Englebart Institute，n.d.）。

在 1968 年旧金山市民礼堂举行的秋季联合计算机会议上，恩格尔巴特做了题为"增强人类智力的研究中心"的报告，并展示了他的发明。后来，它被公认为"所有演示之母"。这是"计算机鼠标[①]、超媒体和屏幕视频电话会议的首次公开演示"，它让观众大吃一惊。参会者看到了领先于当时那个时代二三十年的计算机愿景。"这是世界上第一次看到鼠标、在线处理、超文本、混合文本与图形以及实时视频会议，"恩格尔巴特解释道（Fisher，2018，第 21 页）。

斯坦福研究所对恩格尔巴特的工作并不特别感兴趣，没有采用他的任何发明。这与施乐公司（Xerox）在西海岸的研究机构施乐帕洛阿尔托研究中心（Palo Alto Research Center，PARC）的态度出奇地相似，尽管他们是在恩格尔巴特突破性工作的基础上建造计算机的。到 1973 年，施乐 PARC 开发了一台名为 Alto 的计算机，支持带有图形用户界面（GUI）和鼠标的操作系统。虽然他们生产了 2000 多台 Alto 电脑，但销量不好，因为它们速度慢，性能不足。此外，位于纽约罗切斯特的施乐公司总部的管理人员更专注于销

[①] 由道格拉斯·恩格尔巴特发明的世界上的第一只鼠标。参见：https://commons.wikimedia.org/wiki/File:The_First_Mouse,_1964_-_prototype,_invented_by_Douglas_Engelbart_and_built_by_Bill_English_at_the_Stanford_Research_Institute_(SRI)_-_National_Museum_of_American_History_(2015-10-13_by_Kazuhisa_OTSUBO).jpg。

售复印机的核心业务，没有看到 Alto 电脑的巨大潜力。

> 对社会来说，计算机永远不会像复印机那样重要。
> ——施乐高管（Isaacon，2014，第 294 页）

1979 年，史蒂夫·乔布斯和史蒂夫·沃兹尼亚克销售第一代苹果电脑刚刚取得成功，乔布斯就拜访了施乐 PARC 公司，以便更好地了解 Alto 电脑。乔布斯受到了他所看到的启发。作为一名设计创新者，他在施乐技术基础上着手开发一种对消费者更友好的技术。例如，为了让鼠标更便宜、更耐用，乔布斯拆掉除臭剂，用跟踪球作为鼠标内部的滚动机构进行实验。

苹果公司在 1983 年发布了第一台带有图形用户界面（GUI）的计算机 Lisa，由于价格昂贵（10,000 美元），并且其性能并不理想，所以它失败了。第二年，苹果发布了一款名为 Macintosh（简称 Mac）[①]的新电脑。像 Lisa 一样，它有一个图形用户界面和一个鼠标。但与 Lisa 不同的是，它在商业上获得了成功，这是因为它的成本低得多（约为 2500 美元），性能良好，并且附带了一些有用的应用程序，如文字处理器、电子表格应用程序和绘图程序。它如此受欢迎的另一个原因是苹果公司通过精彩的营销活动来对其进行推广。

苹果经典的 Mac 广告灵感来自 1984 年洛杉矶夏季奥运会和乔治·奥威尔（George Orwell）的书《一九八四》（Nineteen Eighty Four）。这则广告传达的信息是，由于新 Mac 电脑的出现，1984 年不会像奥威尔书中描述的反乌托邦式的 1984 年。一则赢得克利奥奖的广告展示了一位美丽矫健的女子十项全能运动员，（用标枪）刺破一位正向一群僵尸光头党讲话的大头目的投影形象。该广告在 1984 年 1 月超级碗（美国国家橄榄球联盟的年度冠军赛）的中场休息时首次播放，并从事后谈论该广告的新闻电台那里获得更多的曝光。

---

① 早期的 Mac 电脑。参见：https://commons.wikimedia.org/wiki/File:Macintosh_SE_b.jpg。

苹果 Mac 电脑是一个巨大的商业成功。不久微软就注意到了这一点。他们承认有鼠标和图形用户界面的电脑使个人电脑更容易使用。因此，在 1985 年末，微软推出了一个基于图形用户界面的操作系统，名为 Windows（视窗）。从那时起，Windows 就被安装在所有个人电脑上了。

鼠标和图形用户界面正成为与个人电脑交互的标准方法。用户不再需要记忆和键入神秘的命令来与计算机交流。他们所要做的只是简单地点击想要运行的应用程序或想要访问的文件。现在，突然之间，由于有了鼠标和图形用户界面，任何人都可以使用个人电脑。

第五节　电子游戏

电子游戏是一种交互式数字媒体，在电脑发明后不久就出现了。多年来，电子游戏已经采取了许多不同的形式，从简单的乒乓球模拟开始，发展到现实的虚拟三维冒险。电子游戏迅速受到了公众的热烈欢迎，人们对它的兴趣不断高涨。电子游戏行业"正以两位数的速度扩张，预计到 2021 年将达到 1800 亿美元"（Ballard，2018）。

1961 年，计算机是笨重的大型机，主要存在于企业和大学中，因此只有少数特权阶层才能使用它们。麻省理工学院的技术模型铁路俱乐部（Tech Model Railroad Club，TMRC）就是其中的一个小组，他们拥有一台可自行支配的计算机——PDP-1。这是一台带有一个读出显示器（监视器）的计算机。他们很想知道用它能做什么。初级 TMRC 成员史蒂夫·罗素（Steve Russell）决定为 PDP-1 编写一个交互式游戏：火箭飞船之间的战斗。他将其命名为《太空战争》（*Space Wars*）。玩家通过内置在电脑中的拨动开关来控制船只。TMRC 的成员花了几个小时玩这个游戏，并编写代码给它添加更多的功能。他们甚至制造了新的控制器来玩类似原始游戏杆的游戏。虽然《太空战争》在电脑极客中非常受欢迎，但罗素和 TMRC 从未从这款游戏中获利。

然而，下一代电子游戏开发商确实赢利了，而且是大赚了一笔。20 世纪 70 年代末，作为最早出现的电子游戏公司之一，雅达利成为世界上发展最快、利润最高的公司之一。1981 年，雅达利的毛利为 32 亿美元，超过好莱坞整个电影产业（Fisher，2018，第 94 页）。

雅达利是由诺兰·布什内尔（Nolan Bushnell）创办的。他是犹他大学（计算机科学领域的先驱大学）的工程学毕业生，通过在游乐园工作来资助他自己的大学教育。布什内尔目睹了无数游客将硬币投入机械游戏中，所以决定使用计算机组件来构建一个独立的电子街机游戏。尽管计算机技术在 20 世纪 70 年代有些原始，布什内尔还是能够制作出一款电子游戏。它完全利用了一台计算机上的全部硬件能力，其目的是在这台计算机上只运行这一款游戏。1972 年，雅达利在帕洛阿尔托的安迪卡普酒馆安装了第一台街机游戏机，并立即获得了成功，使雅达利走上了成为街机行业领导者的道路。

凭借街机游戏的成功，雅达利决定开发一款游戏机，让游戏玩家可以在家里玩电子游戏。他们的游戏机雅达利 2600[1] 成为家庭游戏系统的黄金标准；它允许玩家通过将不同的卡带插入游戏机中来玩各种游戏。最初雅达利自己设计了所有游戏。然而，雅达利的游戏开发人员感觉他们的工作从未得到认可，他们也没有因为成功的游戏而获得任何额外的报酬。最终，一群雅达利游戏设计师离开了公司，成立了自己的公司，为雅达利游戏机制作和销售电子游戏。他们的动视公司（Activision）是第一家第三方游戏开发公司。

在 20 世纪 80 年代中期，街机狂潮正在消退，然而，家用游戏机正在成为大生意。新的玩家进入市场，如任天堂（Nintendo）[2]、世嘉（Sega）、索

---

[1] 雅达利家庭游戏机 Atari 2600。参见：https://commons.wikimedia.org/wiki/atari#/media/File:Atari2600wood4.jpg.
[2] 任天堂第一台游戏机。参见：https://commons.wikimedia.org/wiki/Game_Boy_and_variants#/media/File:Gameboy.jpg.

尼（Sony）和其他几家较小的公司，推出了稳定的家用游戏机。每家公司都试图通过新的系统改进来击败对方。这些公司既自行开发游戏，也与不同的第三方游戏开发商签订许可协议。1989 年，任天堂凭借他们的掌上游戏机 Game Boy 取得了惊人的成功，证明了消费者喜欢在旅途中玩电子游戏。

到了 20 世纪 90 年代中期，家用电脑终于变得简单易用，功能强大到足以运行图形密集型游戏。一些游戏开发商将精力集中在制作 PC 游戏上，避免了为专用游戏机制作游戏所固有的限制性许可协议。Windows 95 的发布为游戏开发者提供了一个巨大的机会，因为与以前的操作系统不同，它能够运行第一人称射击游戏（FPS）。

尽管电脑游戏越来越受欢迎，但游戏机仍在不断发展，广告商将它们推销为"客厅的中心"，因为它们可以用来播放 CD 和 DVD（Kent，2001，第 521 页）。最终，游戏机甚至可以连接到互联网，使网络游戏成为可能。

2001 年，微软决定进军电子游戏业务，并发布了他们的游戏机 Xbox。虽然软件公司似乎不太可能进入硬件业务，但微软员工中有很多游戏玩家，他们对这个项目充满热情，并使它成为现实。Xbox 取得了巨大成功。

微软继续在电子游戏硬件行业进行创新，于 2009 年发布了与 Xbox 游戏系统配合使用的 Kinect 运动感应设备。Kinect 允许玩家用整个身体玩电子游戏。Kinect 被宣传为优于任天堂 Wii 等其他运动传感设备，因为它使用摄像头来跟踪运动，而 Wii 的手持传感器只能跟踪手臂运动。虚拟体育和舞蹈游戏特别适合这些平台。

智能手机为电子游戏提供了另一个平台，也为游戏开发者提供了新的机会。智能手机适合玩"休闲游戏"，这是一种可以消磨时间的游戏。像《愤怒的小鸟》和《糖果粉碎》这样目标简单的游戏，以及允许玩家挑战朋友的简单网络游戏，比如《填字游戏》，在平板电脑和智能手机上蓬勃发展。

第六节 互联网的诞生

> 通过宽带通信线路相互连接的这种（计算机）网络，（将提供）当今图书馆的功能，以及在信息存储和检索方面的预期功能和（其他）共生功能。
>
> ——J. C. R. Licklider，《人机共生》，1960

伴随着计算机和电子游戏的革命，一种不同但相关的技术正在发展。这种技术很快就被称为互联网（Internet）。与个人电脑不同，互联网不是在硅谷的车库里开发出来的。这是一个政府资助的项目，涉及美国各地的研究机构。此外，与被视为个人赋能工具的个人电脑不同，互联网最初是为了促进协作而构建的。

在20世纪60年代，计算机是大型主机系统，仅用于研究机构和政府机构，对它们的使用非常有限。使用电脑的时间是宝贵的，也是受到保护的。约瑟夫·利克莱德（J. C. R. Licklider，简称Lick）是一位计算机梦想家，也是美国国防部高级研究计划局（Advanced Research Projects Agency，ARPA）信息处理技术办公室（Information Processing Techniques Office，IPTO）的主任。Lick认为，如果计算机联网在一起，效率和协作可以得到提高。他在1960年的一篇名为《人机共生》（*Man-Computer Symbiosis*）的论文（现在很有名）中阐述了这些观点。虽然Lick的想法被认为相当激进，但这些想法在新兴计算世界中令人感到兴奋和激动，尽管当时没有人知道如何构建这样的网络。

1965年，来自得克萨斯州的心理学家鲍勃·泰勒（Bob Taylor）成为IPTO的主任。他和利克莱德一样，在大学里学习心理声学。他对利克莱德关于计算机网络的想法非常感兴趣，并游说他的上司提供资金在全美国的主要研究机构建立一个计算机网络。没费多少力气，泰勒就从 ARPA 的预算中获得了 100 万美元来资助这个最终被称为"Arpanet"（阿帕网）的网络。

在获得资金后，泰勒的团队提出了建设阿帕网的建议。中标者是波士顿的博尔特、贝拉内克和纽曼（Bolt、Beraneck and Newman，简称 BBN），他们也是（并非完全巧合）利克莱德的前雇主。BBN 与麻省理工学院关系密切，并以其技术进步而闻名。他们对这项工作感到兴奋，尽管事实上他们并不完全理解为什么要付钱给他们来建立这样一个网络。

BBN 的工程师开始了这个项目，将两个由 ARPA 资助的研究中心的计算机连接起来。这两个中心分别是加州大学洛杉矶分校（UCLA）和斯坦福大学的斯坦福研究所（SRI）。他们利用电话线让计算机相互通信，但不是以它们通常的运行模式。它们不是用连续的通信流来在线路上传输，而是通过电话线以小包的形式发送数据。

数据包是经过编码和寻址的小数据块。数据包可以通过任何线路到达目的地。一旦到达最终目的地，它们就被简单地重新组合在一起。分组交换是允许阿帕网工作的数据传输方法，至今仍在使用。

在阿帕网上将最初的两台计算机（以及后来其他大学的计算机）连接起来是一个巨大的技术胜利。然而，尽管这些节点现在已经连接起来，阿帕网却很少被使用，因为大多数用户发现很难在其他人的系统上进行操作。然而，一旦阿帕网找到了它意想不到的特别用途——电子邮件，这一切都开始改变了。

雷·汤姆林森（Ray Tomlinson）是 BBN 的一名工程师，他想出了一个他称为"小黑客"的程序。这个程序允许用户给阿帕网上某台计算机上的某人发送信息。他自己试验了一下。这似乎很有效，所以他让其他人试一试。在他们用了以后，电子邮件很快占据了阿帕网的主要流量。几年后，鲍勃·泰勒表示，如果美国国防部高级研究计划局知道电子邮件将是其主要用途，他们绝不会同意资助阿帕网。但是不可否认的事实是，阿帕网作为一种通信媒介有着巨大的潜力。

第七节　互联网的发展

在 20 世纪 60 年代和 70 年代，独立于阿帕网的其他网络如雨后春笋般涌现。但是，为了让这些网络进行通信，它们需要说同一种语言。这个难题推动了传输控制协议/互联网协议（Transmission Control Protocol/Internet Protocol，简称 TCP/IP）的发展。TCP/IP 规定了数据应该如何打包、寻址、传输、路由和接收，允许其他网络连接到迅速发展的阿帕网。到 1975 年，随着英格兰和挪威节点的增加，阿帕网成为一个国际网络。此后不久，阿帕网被称为互联网（Internet）。

在 20 世纪 80 年代，网络技术取得了巨大的进步，使得互联网呈指数级增长。在 20 世纪 80 年代之前，房间或建筑物中的计算机能够联网、共享打印机等资源并连接到互联网的想法，是一个全新的概念。施乐 PARC 公司的工程师鲍勃·梅特卡夫（Bob Metcalfe）接受了建立局域网的挑战。为此，他发明了以太网协议（Ethernet Protocol）。这是用于网络计算机并将它们连接到互联网的标准。由于施乐 PARC 公司对利用这项发明不感兴趣，所以梅特卡夫用这项技术创办了一家名为 3COM 的网络公司，并取得了成功。

另一个需要解决的网络挑战是将网络连接在一起。20 世纪 80 年代末，斯坦福大学已婚教授莱恩·博萨克（Len Bosack）和桑迪·勒纳（Sandy Lerner）在斯坦福校园的不同区域工作，希望能够通过他们的计算机相互通信。他们通过在斯坦福大学校园内拉线，发明硬件，从而找到了使他们的网络能够互相通信的解决办法。斯坦福对此不以为然。因此，莱恩和桑迪创办了他们自己的公司——思科系统（Cisco Systems），它仍然是世界上最大的网络公司。

第八节 万维网的出现

在 20 世纪 80 年代，随着个人电脑变得越来越普及，互联网正在飞速发展。个人甚至可以在家里通过电话拨号和原始的调制解调器连接到互联网。问题是它不容易使用。一旦连接到互联网，用户将需要启动特定的应用程序来执行不同的任务，如传输文件、聊天和在公告栏上发布消息。互联网也完全基于文本和命令行驱动，因此主要被视为技术人员的工具。

万维网（World Wide Web，简称 WWW）的发明彻底改变了互联网的本质。Web 将图形用户界面应用到互联网上，这使得非技术用户更容易访问互联网。Web 之于互联网，正如 Mac 之于个人电脑。

瑞士日内瓦附近的欧洲粒子物理研究所（CERN）粒子物理实验室的科学家蒂姆·伯纳斯-李（Tim Berners-Lee）正式发明了万维网。伯纳斯-李不得不通过网络与不同部门共享文档，这让他感到沮丧。他希望科学家能够将他们的研究结果即时并且容易地提供给其他人。为了解决这个问题，他提出了一个关于 Web 页面的想法。只要能上网，任何人都可以看到这个网页。他还发明了一个软件，叫作 Web 浏览器。网页可以包含指向其他网页和文档的超链接，这允许网页作者将其想法与其他人的想法关联起来。

虽然蒂姆·伯纳斯-李发明的万维网改变了互联网的面貌，使其更容易使用，但这并不是人们第一次构想出互联媒体。早在 20 世纪 40 年代，麻省理工学院教授范内瓦·布什（Vannevar Bush），微分分析器的发明者，发表了一篇名为《正如我们所想》（*As We May Think*）的论文，其中他描述了一台机器，它的运行方式非常像现代的万维网。布什称这种机器为"麦克斯存储器（Memex）"，一种可以记录"兴趣线索"并通过链接来连接相关文件的工具。在布什写这篇文章的时候，计算机还没有被发明出来，因此，布什把 Memex 描述成一个桌子大小的独立机器。虽然从现代的观点来看，他对

Memex 的描述显得笨拙而幼稚，但却意义重大，这是因为在万维网发明的 50 年前布什就已阐明了"互联媒体"的概念。因此，范内瓦·布什经常被称为"交互式媒体之父"。

另一个在万维网出现之前很早就设想了类似 Web 的应用程序的人是一位名叫特德·尼尔森（Ted Nelson）的哲学家。在 1974 年的一篇论文中，他阐述了一个被称为"世外桃源项目（Project Xanadu）"的互联文件系统。尼尔森实际上并没有建立该世外桃源项目，但他的想法值得关注，因为他描述了一个非常像万维网运作的系统。此外，尼尔森创造了"超文本"（Hypertext）这个术语。这种文本可以点击并指向另一个位置，就像我们在万维网上习惯的超链接一样。

随着万维网的流行，伯纳斯-李鼓励开发者改进他最初的免费浏览器软件。22 岁的伊利诺伊大学学生马克·安德里森（Marc Andreesen）就是这样做的。他对原有浏览器软件进行了大量改进，使其成为早期 Web 用户的抢手货。安德森的浏览器 Mosaic 可能是"为互联网设计并在互联网上发布的最成功的软件产品"（McCullough，2018，第 16 页）。他的发明引起了硅谷风险投资家吉姆·克拉克（Jim Clark，硅谷图形公司 Silicon Graphics 的创始人）的注意，他投资了安德森的想法，并将浏览器重新命名为网景领航员（Netscape Navigator）[①]。网景领航员对个人来说是免费的，但商业用户需要支付少量费用。

20 世纪 90 年代中期，网景公司的业务蒸蒸日上。然而，没过多久，微软就看到了他们的做法，并想加入这个领域。他们击败网景领航员的策略是将他们自己的浏览器 Internet Explorer（IE）与安装在每台新个人电脑上的操作系统 Windows 95 打包在一起。比尔·盖茨和他的公司认为，如果人们可以通过 Windows 95 免费获得 Internet Explorer，他们为什么还要为 Netscape

---

① 网景领航员浏览器 V1.0。参见：https://commons.wikimedia.org/wiki/File:Netscape_Navigator_1.22_Screenshot.png。

Navigator 付费呢？微软的策略成功了。Netscape 被卖给了美国在线服务公司（AOL）。到 20 世纪 90 年代末，IE 成了主流浏览器。这也在网景和微软之间引发了一场法律战，微软被指控存在反竞争行为。

随着万维网吸引了越来越多公众的注意力，有经营头脑的人很快就开始考虑如何从中获利。因为互联网当时被认为是政府资助的网络，所以通过互联网进行商业活动是非法的。然而在 1991 年，该法律在美国被废除了，这点燃了商界。此后不久，亚马逊（Amazon，1994）和易贝（eBay，1995）等网络购物世界中的巨头出现了，数以千计的其他电子商务网站也都取得了不同程度的成功。在 20 世纪 90 年代末，在线业务的热潮引发了以".com"为域名后缀的互联网公司的风靡。

万维网已经成为互联网上最普及的应用，这就是许多人无法将其与互联网区分开来的原因。对许多人来说，他们唯一的互联网体验可能只是使用 Web。然而，互联网早在万维网诞生之前就已经存在了。互联网和 Web 的区别在于，互联网是一个网络，Web 是运行在其上的应用。

第九节　多媒体

在 Web 发明之前，许多其他交互式应用程序已经存在，它们只是不能在互联网上运行。在 20 世纪 80 年代，交互式内容，通常被称为"多媒体（Multimedia）"，通过软盘分发和消费，最终通过 CD 分发和消费。CD 为交互式内容分发提供了一个令人兴奋的机会，因为它的存储容量比软盘大得多，而且最新的计算机都配有 CD 驱动器。CD 也被很好地包装在教科书中，因此，出版商开始使用它们来分发他们书籍中附加的交互式内容。音乐公司也接受了多媒体，包括将音乐视频剪辑、图像和采访整合在一起的交互式内容都放在音频 CD 里，作为赠品。

在 Web 出现之前，多媒体自助终端也随处可见。自助终端的一个早期先驱是弗洛舍姆鞋公司（Florsheim Shoes）。1987年，他们在零售商店中引入了自助终端，允许顾客订购商店中没有的鞋子，然后几天后送货上门（Key，1987）。这种类型的电子零售在当时是相当具有革命性的。

第十节　Web 2.0

20世纪90年代的大多数网站都非常简单。事实上，许多网站被称为"宣传册"，因为它们是带有图片和超文本内容的静态页面。但是，到了2000年代，这种情况开始改变。这并不是因为任何特定的技术突破，而更多的是与网站的使用方式有关。不再是由作者为网站创建内容，而是由用户生成内容（User-Generated Content，UGC）构成的新网站出现了。这一转变被称为Web 2.0。

Web 2.0网站的一个经典例子是维基百科（Wikipedia）——世界上最大的完全由用户生成内容的百科全书。具有讽刺意味的是，维基百科的创始人在创办维基百科的同时，开始了另一个基于Web的百科全书项目，那里的文章都是由专家撰写的。该项目没有取得很大进展，因为专家创作的内容所花费的时间太长了。而维基百科像野火一样增长，因为用户喜欢为集体知识库做出贡献，并拥有内容的所有权。

博客是在Web 2.0运动中出现的另一种基于Web的用户生成内容。1999年，一个名为Blogger.com的博客网站出现了。在这个网站上，任何人都可以建立一个账户，然后简单地开始创建内容。它允许任何人在任何其他用户可以添加评论和进行讨论的空间中建立自己的Web形象。这是一个非常Web 2.0的概念。

在21世纪初，能够轻松更新网站的问题的解决方案源于博客的概念。如果您的公司或组织在20世纪90年代有一个需要更新的网站，您需要联系开发者来做这些小的改动。做简单的文本编辑既不会让公司花费过多资金，也不会过多占用 Web 开发人员的时间。很明显，有必要允许网站所有者对他们的内容进行简单编辑。内容管理系统就是为了解决这个问题而创建的。

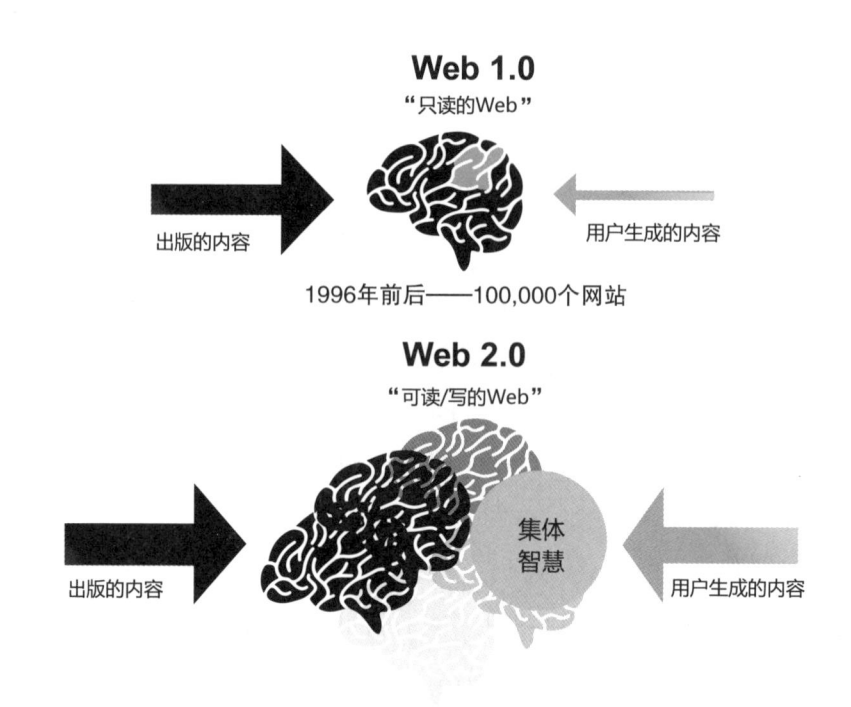

Web 1.0
"只读的Web"
出版的内容 → 用户生成的内容
1996年前后——100,000个网站

Web 2.0
"可读/写的Web"
出版的内容 → 集体智慧 ← 用户生成的内容
2006年前后——85,000,000个网站

图 2-1　Web 2.0 运动的一个标志是用户生成内容的涌现

内容管理系统（Content Management Systems，简称 CMS）是一种软件应用程序，允许非技术用户对网站进行更改。CMS 架构越来越多地被用于方便用户修改网站而无须懂得任何编程。市场上有多个可供网站所有者下载的 CMS 应用系统，也有 CMS 架构。基于 CMS 架构，网站构建在一个集成 CMS 的平台上。WordPress（最初是一个博客平台）是一个很常见的 CMS，此外还有 Joomla 和 Drupal 等 CMS。

2000 年代还见证了社交媒体的诞生，这是另一种 Web2.0 架构，因为它允许人们在 Web 上发布信息和进行对话。Myspace 是最早也是最受欢迎的社交媒体网站之一。Myspace 成立于 2003 年，是一个供用户发布内容、创建个人档案、创建博客、加入群组和与他人交流的地方。2004 年，Myspace 被脸书超越。脸书在添加新功能和帮助人们建立联系等方面的速度使其对用户更具吸引力。推特（Twitter）在 2006 年提出了一个新概念：鼓励用户用 120 个字符或更少的"推文（Tweets）"进行内容更新。在 2000 年代末和 2010 年代，新的社交媒体平台不断涌现，在受欢迎程度上相互取代，并进一步允许任何人成为在线出版者。

第十一节　2010 年代及以后的交互式数字媒体

Web 在 2010 年经历的最大变化是智能手机的普及。虽然 2000 年代市场上有几种型号的手机可以让用户上网冲浪，但苹果的 iPhone（2007 年发布）将其提升到了一个新的水平。它时尚、易用，允许用户上网冲浪、听音乐和下载应用程序。这款手机很快成为智能手机的黄金标准，但也给开发者带来了挑战和机遇。

Web 开发者面临的一个挑战是智能手机的屏幕尺寸。许多网站很难在智能手机屏幕上完整浏览。由于越来越多的人通过他们的移动设备访问 Web 内容，开发者不得不适应这种情况。幸运的是，用于构建网站的核心编程语言已经发展到允许开发人员构建响应式网站的程度。响应式网站是根据访问它的设备改变其外观的网站。响应式 Web 设计现在是 Web 开发的标准。

随着应用市场的诞生，iPhone 和 iPad（以及随后的 Android 和其他智能手机）为交互式开发者创造了新的机会。交互设计者和开发者可以开发一个 App，让数百万人可以购买和下载。最初，为 iPhone 和 iPad 开发的 App 必须在苹果公司创建的专用开发环境中开发，而现在可以在其他环境中开发。

随着普通人越来越依赖他们的设备，网站收集了大量用户行为数据。这些网站使用这些数据为我们提供它们认为我们可能感兴趣的内容。我们现在已经习惯于看到广告出现在我们的脸书信息更新（Facebook Feed）中，或者出现在搜索引擎的侧边栏中。这些广告是针对我们可能已在其他网站购买的一些商品或服务而推送的。对于亚马逊推荐我们真正感兴趣的产品，我们并不感到惊讶。这种网站行为被称为适应性，因为该网站程序能提供它认为我们想要的东西，或者它们可以让我们购买的东西。

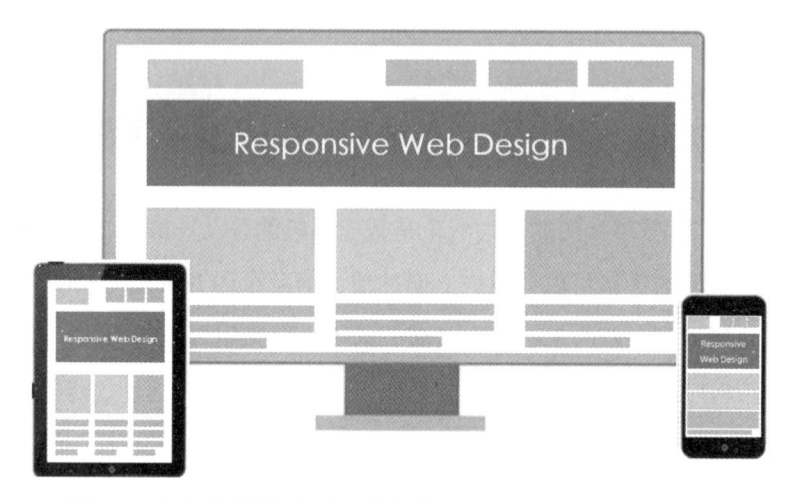

图 2-2 响应式网站根据请求内容的设备以不同的方式提供内容

交互式媒体已经超越了点击体验。界面更加手势化；我们用夹捏的动作来放大和缩小 iPhone 的屏幕，我们用全身玩电子游戏。随着我们越来越意识到久坐不动的生活方式的不利影响，交互式开发人员设计出了本质上更加物理化的操作界面。

物理计算领域已经超越了一个特定的研究领域，已被对构建响应物理世界的交互式系统感兴趣的艺术家、爱好者和发明家所接受。随着创客运动的发展，以及廉价电路板和传感器的广泛使用，物理计算越来越受欢迎。

结合虚拟现实的交互式应用正被广泛用于各种目的，从培训到治疗再到娱乐。虚拟现实使用专门的耳机，通过在黑暗的护目镜内投射 3D 图像和音频，将用户带入虚拟 3D 空间。用户可以环顾四周，探索这个虚拟世界，并与他人交互。虽然"虚拟现实"一词是在 20 世纪 80 年代早期硬件刚刚开发出来时创造的，但随着该技术变得更加容易使用和强大，最近人们的兴趣也在增加。最值得注意的是，2016 年发布的 Oculus Rift（一款为电子游戏设计的头戴式显示器）标志着虚拟现实护目镜的显著进步。虚拟现实除了娱乐还有很多实际应用，在培训、教育，甚至医疗等方面都有很大的用处。

增强现实是一种交互式媒体形式，其中计算机生成的图像、文本或声音被叠加在真实世界的实时视图上。许多人在玩流行的手机游戏 *Pokemon Go* 时首次体验了这项技术。该游戏利用了移动设备的 GPS 功能，并将角色插入玩家的真实世界位置中。除了寻找和捕捉虚拟生物，增强现实还有许多其他实际应用。想象音乐学生在播放音乐时看到实际的音符出现，或者购物者在展厅定制她有兴趣购买的汽车（Paine，2018）。在未来几年，它的用途可能会进一步增加。

专业人士访谈

伊丽莎白（杰克）·费恩勒 [Elizabeth（Jake）Feinler]

美国加州帕洛阿尔托网络信息中心前主任

"在谷歌和Godaddy之前，就有伊丽莎白·费恩勒"（Metz，2012）。从1972年网络信息中心（Network Information Center，NIC）成立到1989年，伊丽莎白（杰克）·费恩勒一直担任该中心的主任。她受雇于道格拉斯·恩格尔巴特（鼠标和图形用户界面的发明者），为新建立的阿帕网创建一个目录，随后成立了一个小组，开发了顶级域名系统（Domain Name System，DNS）并管理第一个中心域名注册机构。任何人想知道阿帕网上的任何资源在哪里，都会先去找杰克。

您是如何成为斯坦福研究所（SRI）网络信息中心（NIC）主任的？

我去了西弗吉尼亚州的西自由州立学院，决定主修化学。然后我去了普渡大学的研究生院学习生物化学。我完成了我的博士课程，但是我厌倦了贫困的生活，所以我在俄亥俄州的化学文摘社找了份工作。我为他们必须处理的信息量和他们几乎没有计算机化的事实而感到困惑。处理信息的整个想法激起了我的兴趣，所以我再也没有回到化学领域。

1960年，我在斯坦福研究所找到了一份工作，作为一名研究专家，在那里我们被分配到不同的研究小组，帮助他们获得他们需要的信息。我以前从未去过加利福尼亚，但听起来很令人感兴趣。在SRI，我遇到了许多人，包括道格拉斯·恩格尔巴特。

道格拉斯·恩格尔巴特负责 SRI 的增强研究中心实验室。该实验室开发了计算机鼠标和图形用户界面。恩格尔巴特认为解决问题的最好方法是使用计算机来增强人类的智力。

道格做了一个被称为"超级演示（Big Demo）"（1968 年的"所有演示之母"）的东西，它让每个人都大吃一惊，因为它让人们与计算机交互，做了人们以前从未见过或做过的事情。道格希望电脑（和信息）触手可及。我对这些人（道格和他的增强人类智能小组）正在做的事情很感兴趣。

他竞标 ARPA 的一个项目，为阿帕网建立一个信息中心。他回来（到我的办公室）和我谈了这件事，我说："您为什么不雇用我，道格？"他说："我现在没有（合适你的）工作。"但是，（在 1972 年）当他拿到这个项目时，他找到我说："我现在有任务了。您愿意来为我工作吗？我们需要一本资源手册。"我说："什么是资源手册？"他说："我不太确定，但我们需要它。"这就是我如何加入道格的团队并（开始涉足）互联网的。

道格·恩格尔巴特是个什么样的人？

道格是个非常非常好的人。他说话很温和，而且很有干劲。他有这样一个愿景，他希望全世界的人都能在指尖上获得所需的任何信息。他无疑比其他人领先一步。

斯坦福研究所是阿帕网发展过程中的一个重要中心，因为斯坦福研究所和加州大学洛杉矶分校是最早的两台阿帕网服务器的所在地。杰克在 1972 年加入恩格尔巴特团队后，在 1974 年成为网络信息中心项目的首席研究员，后来在 1985 年这项工作大规模扩展时被任命为主任。

当网络信息中心建立时，阿帕网有多大？您的角色包括什么？

我认为，互联网上大约有 30 个网站。我的工作是记录那些网站上有哪些可用资源。人们联系我，了解网络上的计算机资源。

他们会对什么样的资源感兴趣？

有两件事正在发生：在用户使用网络的同时，他们也在建造网络。这相当令人困惑。网络总是处在变化中，所以用户不知去哪里访问网络。起初，这是非常基本的问题。为此，我们建立了一个由每个站点技术联络人组成的网络，他们了解所有的细节和协议。因此，一旦有人打电话来说"我做某件事有问题，因为我找不到那个资源"，我们就会打电话给联络人让他们知道。因此这就有了一个由知识渊博的人组成的、非常紧密的网络，他们互相保持联系，我们就是这个网络的枢纽。我们并没有试图回答每个人的问题，而是将它们发送给能够回答问题的合适的人。

我听说在电子邮件发明之前，阿帕网并没有被大量使用。

嗯，我会说电子邮件是杀手级应用，主要是因为它改变了人们沟通的方式。它打开了不同类型的人之间交流的大门。在某些地方，比如在军队中，您必须向上通过三个渠道到达最高层，然后跨过另一个部门，再向下通过这些渠道与不同的人交流。通过电子邮件，人们足不出户就可以互相交流。它确实改变了整个世界的沟通方式。

什么时候阿帕网变得如此之大以至于目录变得难以维护？

我们开始发布互联网目录时用了很多很多的纸，然后通过像蜗牛一样慢的邮件把所有这些东西寄出去。后来，在 20 世纪 80 年代中期，我们通过 FTP 提供了这些内容。但是我们仍然像电话簿一样在纸上发布阿帕网目录，直到 1986 年出现了标准化的域名查询服务 WHOIS。

我在什么地方读到过，认为是您提出了顶级域名命名方案，例如，政府网站的 GOV、商业网站等。

哦，我不会这样认为的。我们是一个团队，一起在这方面工作。但是网络上的计算机实在太多了，以至于通过互联网传输的每个数据包上的地址空间不足够大，无法容纳地址信息，我们不得不提出一个不同的命名系统。

费恩勒的团队决定采用通用顶级域名来描述互联网上的主机类型。GOV 用于政府网站，EDU 用于教育，而 COM 则是后来才想到的，因为那时互联网还没有商业化。

我们提出了一个层次命名方案。您从顶部开始，然后沿着树下行。这需要您有顶级域名。我们希望拥有基于网络的顶级域名。我们选择这些非常通用的顶级域名有两个原因：它们是通用的；它们是互联网上正在发展的社区。此外，在每个顶级域名下都有一个标准机构，它将决定域名的结构。

斯坦福研究所是否管理将 IP 地址与域名相匹配的数据库，即 DNS 系统的前身？

是的。网络信息中心管理主机表，直到网络商业化。像 GoDaddy 和其他域名注册机构接管了它。我们放弃的是现在一个价值数百万美元的产业。

在 DNS 系统出现之前，任何人都可以注册他们想要的域名吗？

不，它是由负责顶级域名的人管理的。从某种意义上说，每个域都自行管理。他们每个人都有自己想要遵循的结构。例如，军队与大学的域名结构非常不同。

当您在斯坦福研究所的时候，您对您所做的事情的历史意义有没有欣赏？

非常！我的意思是，我认为早期网络上的每个人都非常专注于让这个东西工作，并看到它可以去哪里，可以走多远。在那些日子里，计算机是令人兴奋的，整个网络是令人兴奋的，因为看到所有您能与之交谈的人和您能做的事！

有一件事似乎从来没有被强调过，那就是尽管我们是网络的枢纽，但它真的很有效，因为我们在技术联络网络上有每个网站的联系人。我认为，与我们一起工作的人际网络对互联网的建立以及人们所遵循的规则的建立非常重要。

您拥有一个特权地位，可以看到带有鼠标和早期图形用户界面的计算机。当个人电脑首次问世时，您感到失望还是惊讶？

不。道格·恩格尔巴特关于计算机的概念，即通过图形用户界面完成许多不同任务的计算机是众所周知的，但这对当时的计算机来说太高大上了。

1984年，苹果电脑公司发布了Mac电脑，这是一台带有鼠标和图形用户界面的个人电脑。Mac电脑能够完成道格·恩格尔巴特15年前在"所有演示之母"中展示的许多任务。

道格觉得史蒂夫·乔布斯和苹果拿走他的创意了吗？

哦，不，不——他希望这种电脑得到普及，但他并不喜欢它的工作方式。道格将计算机视为增强人类能力的助手，它的服务基本上应该由知识工作者掌控。让他感到烦恼的是，事情变得越来越糟，以至于人们不得不不断地学习新界面、新密码等，也就是说，对用户而言没有什么是一致的。

我看到您是 2012 年互联网名人堂的第一批入选者。那一定是一个非常独特和了不起的荣誉。

的确是。我很惊讶，因为您知道第一批入选互联网名人堂的大部分人都是网络的创建者。虽然我们没有建立互联网，但我们告诉世界它就在那里！能与温特·瑟夫（Vint Cerf）或鲍勃·卡恩（Bob Kahn）或其中一些人在一起是一种真正的荣誉。

讨论问题

（1）您为什么认为交互式媒体的历史是一部值得研究的历史？

（2）人们常说："不能从历史中吸取教训的人注定要重蹈覆辙。"这如何适用于交互式媒体的历史？

（3）您第一次接触交互式媒体是什么时候？随着时间的推移，您对它的使用发生了怎样的变化？

（4）您认为交互式媒体是赋能型工具还是抑制型工具？

（5）您认为交互式数字媒体的未来是什么样的？

参考文献

Ballard，J.（2018）. 5 Trends Explain the Growth of the Video-Game Industry. *The Motley Fool*，November 9. Online. Available at：https://www.fool.com/investing/2018/11/09/5-trends-explain-the-growth-of-the-video-game-indu.aspx.

Bernard，Z.（2017）. Here's the Story Behind how Silicon Valley Got its Name. *Business Insider*，December 9. Online. Available at：https://www.businessinsider.com/how-silicon-valley-got-its-name-2017-12?r=US&IR=T.

Douglas Englebart Institute.（n.d.）. Online. Available at：http://www.dougengelbart.org/content/view/183/153.

Evans，C.（2018）. *Broadband: The Women Who Made the Internet*. New York：Portfolio/Penguin.

Fisher，A.（2018）. *Valley of Genius: The Uncensored History of Silicon Valley, as Told by the Hackers, Founders, and Freaks who made it Boom*. New

York：Twelve.

Huddleston, T.（2018）. What Microsoft Billionaire Bill Gates was Doing at 20 Years Old. Online. Available at：https://www.cnbc.com/2018/03/29/what-microsoft-billionairebill-gates-was-doing-at-20-years-old.html.

iProgrammer（2010）Invention of the Microchip. *iProgrammer*. Online. Available at：https://www.i-programmer.info/history/machines/736-kilby-a-noyce.html.

Isaacon, W.（2014）. *The Innovators*. New York：Simon and Schuster.

Kent, S.（2001）. *The Ultimate History of Video Games: From Pong To Pokemon and Beyond—The Story Behind the Craze that Touched Our Lives and Changed the World*. Roseville, CA：Prima Publishers.

Key, J.（1987）. Florsheim Shoe Stepping Into Future with Electronic Shoe Catalog. *Chicago Tribune*, 13 July. Online. Available at：http://www.chicagotribune.com/news/ct-xpm-1987-07-13-8702210287-story.html.

Leavitt, D.（2006）. *The Man Who Knew Too Much*. New York：Atlas Books.

Licklider, J. C. R.（1960）. Man-Computer Symbiosis. *IRE Transactions on Human Factors in Electronics*, HFE-1, 4–11.

McCartney, S.（1999）. *Eniac: The Triumphs and Tragedies of the World's First Computer*. London：Walker Publishing Company.

McCullough, B.（2018）. *How the Internet Happened: From Netscape to the iPhone*. New York：Liveright Publishing.

Metz, C.（2012）. Before Google and Godaddy, there was Elizabeth Feinler. *Wired*, June. Online. Available at：https://www.wired.com/2012/06/elizabeth-jake-feinler.

Paine, J.（2018）. 10 Real Use Cases for Augmented Reality. *Inc.com*, May 30. Online. Available at：https://www.inc.com/james-paine/10-real-use-cases-for-augmented reality.html.

Watkins, T.（n.d.）. History of the Transistor. Online. Available at：http://www.sjsu.edu/faculty/watkins/transist.htm.

第三章
交互式数字媒体开发流程和团队

任何交互式项目的开发都需要一个具有专业技能的专家团队，他们遵循一个规定的开发计划，这样项目才能顺利进行，不会浪费时间和金钱。对于大多数项目来说，资金通常是有限的，因此尽可能地提高效率以防止在项目完成之前就花光整个预算是很重要的。

交互式数字媒体开发过程趋向于协作和迭代。团队成员经常相互沟通，并与客户或出版商沟通，以更好地了解他们需要做什么。该过程也是高度迭代的，这意味着更改来自开发反馈。团队定期开会来反思已完成的工作，并根据这些评审意见进行修改。然后，小组继续后面的开发工作。这个循环在整个开发过程中经常发生。

团队中专业人员的类型由需要制作的交互式产品决定。例如，如果项目是一个 iPhone 的 App，则团队中将需要一个 Objective-C 程序员。如果项目中有一个虚拟现实组件，则将需要一个 3D 美术师参与。电子游戏开发团队包括关卡和叙事设计师。这只取决于团队具体在构建什么。

交互式数字媒体开发团队的规模会因项目范围的不同而有很大差异。如果项目很小，成员可能同时扮演多个角色。例如，如果您是一个独立的网站或 App 开发人员，您可能同时是项目经理、信息架构师、设计师、插画师和音频专家等。相反，在较大的项目中，可能会有多个相同角色的人参与项目工作。

第一节　团队成员

参与交互式项目的团队成员来自不同的学科，拥有广泛的技能。您可能会惊讶地发现自己非常适合成为交互式数字媒体制作团队的一员，即使您没有正在学习或曾经学习过交互式数字媒体。

项目经理（Project Manager）/ 制作人（Producer）

项目经理负责按时在预算范围内交付具有所承诺功能的产品。项目经理监管开发过程的所有业务方面，并且经常负责与客户联系。项目经理必须时刻意识到每个团队成员在项目上花费了多少时间。例如，一个项目可能有 20 小时的动画预算。如果动画师已经投入了 18 个小时的工作，而且工作还没有接近完成，那么项目经理将不得不考虑如何在预算内完成动画部分，或者从项目的其他部分获得一些预算，并用它来支付动画制作的其余费用。最好的项目经理是有组织的、专注的、以任务为导向的，并且不怕唠叨别人的人。

制作人的角色类似于项目经理，但它更常用于电子游戏行业。制作人最终要对游戏的生产制作负责。

用户体验设计师（User Experience Designers）

用户体验（User Experience，UX）设计的原则是通过交互式应用程序来增强用户的满意度。通常，用户体验设计更多地应用于功能性的交互式应用程序，而不是电子游戏。用户体验设计中有以下几个角色。

信息架构师（Information Architect）

信息架构师综合项目所需的功能和内容，并为项目创建一个整体结构。他研究用户如何对信息进行分类，开发相应的标签系统，并组织内容以便用户可以轻松找到。然后，他创建图表（称为程序框图）来解释交互式应用程序的结构。

视觉设计师（Visual Designer）

视觉设计师（也称为图形或界面设计师）负责设计产品的外观和感觉。在一个较大的项目中，视觉设计师可能会开发一个风格指南，它将阐明所有与设计相关的选择，如所有文本元素使用什么字体、图像应该是什么样子，以及它们如何摆放在应用程序中。

交互设计师（Interaction Designer）

交互设计师定义了用户与应用程序交互的方法，以获得最佳的满意度和可用性。交互设计师回答这样的问题：用户需要点击并拖动或者双击来访问下拉菜单中的选项吗？交互设计师定义用户与交互式应用程序之间的对话。

电子游戏设计师（Video Game Designers）

在电子游戏行业，设计角色的定义通常有些不同。

叙事设计师（Narrative Designer）

叙事设计师负责游戏的故事和人物。在制作前，他需要做大量设计工作，编写游戏、关卡和任务设计文档以及电影剧本。一旦制作工作开始，叙事设计师会帮助编写脚本，将角色、对话和事件融入游戏。

关卡设计师（Level Designer）

关卡设计师就像游戏的架构师一样，创造游戏的各种世界和物理布局。

游戏美术师（Game Artist）

游戏美术师创建游戏中的结构、道具和角色以及界面元素。

系统/游戏玩法设计师（Systems/Gameplay Designer）

系统设计师定义了游戏的实际运行方式，通常使用数学和物理学来确保游戏机制和交互能正常运行。

声音设计师（Sound Designer）

声音设计师创建玩家在游戏中体验的声景，为游戏添加声音效果、氛围声音和音乐。

在较大的游戏项目中，经常有一些设计师充当更特殊的角色，比如灯光设计师（Lighting Designer）和战斗设计师（Combat Designer）。

程序员（Programmer）

程序员编写代码使交互式应用程序起作用，可能用到几种不同的编程语言，如 HTML、CSS、JavaScript、JQuery、PHP、Objective-C、C# 等。每种语言都有特定的用途，经常被组合使用。

媒体专家（Media Specialists）

媒体专家是创建、捕捉和编辑不同类型媒体的专家。

插图师（Illustrators）

插画师创作原创性的艺术作品和插图，如 2D 游戏中的原创人物，或教育应用程序中的图表。

摄影师（Photographers）/ 图片编辑人员（Photo Editors）

需要原创照片时，摄影师会成为制作团队的一员。此外，还需要图片编辑人员来增强和合成现有图像。

音频工程师（Audio Engineers）/ 作曲者（Composers）

作曲者创作原创配乐和声景。而且，如果需要音效，音频工程师必须创造并录制音效。

动画师（Animators）/ 3D 美术师（3D Artists）

如果动画内容是应用程序的一部分，2D 或 3D 动画师将成为制作团队的一部分。如果应用程序（尤其是游戏）是基于一个虚拟的三维世界，那么就需要一个 3D 美术师来构建这个虚拟世界以及其中的角色。2D 动画经常是休闲游戏的一部分，抽象的 2D 动画图形经常在网站或 App 中使用。

视频制作人（Filmmakers）/ 编辑（Editors）

由于互联网带宽的提高，交互式体验中的视频内容变得越来越普遍。当原创视频是项目的一部分时，可以指导、拍摄和编辑视频的专业人员是制作团队的一部分。

法律专家（Legal Specialists）

交互式数字媒体制作团队经常需要懂得法律的人。

采购专家（Acquisition Specialist）

采购专家确保拥有集成在最终产品中的媒体的使用权。想象您正在建立一个关于内战的交互式展览。一些图片和文字可能来自受版权保护的资源。采购专家将帮助获得使用这些资料的权利。他还将参与订立协议，以保护那些与该项目有关的创造性工作。

合同专家（Contract Specialist）

当一个项目被提议和接受时，通常会签署一份合同，并且需要一个具有法律专业知识的人来起草这份文件。当项目的一部分被分包出去时，也需要合同。

编写人员（Writers）

在交互式应用程序的整个开发过程中，以不同的形式和风格编写文档是至关重要的组成部分。

项目建议书编写人员（Proposal Writer）

大多数项目都是从书面项目建议书开始的。项目建议书编写人员在团队中起着重要的作用，因为项目建议书能决定项目是否落地。项目建议书中的文字应该有说服力，但要清晰简洁，以提高被阅读的可能性。

游戏设计文档编写人员（Game Design Document Writer）

在游戏行业中，电子游戏通常在内部推介或向游戏发行商推介。因此，游戏设计文档的目标类似于项目建议书的目标，它应该是引人注目的、清晰的和简洁的，尤其是在高概念和游戏处理部分，因为它们是用来"销售"游戏的。在整个游戏制作过程中，游戏设计文档编写人员完善设计文档，以记录设计决策并与整个开发团队进行沟通。

内容编写人员（Content Writer）/ 内容策略专家（Content Strategist）

内容编写人员在应用程序中创建文本。他必须了解受众，选择合适的语气和阅读水平。例如，一个面向少女受众的 App 中的文案风格将不同于一个面向老年男性受众的 App 中的文案风格。当内容由客户提供时，内容策略专家的工作是修改内容，使其更好地支持客户目标。

技术编写人员（Technical Writer）

技术编写人员编写帮助界面、规则或其他类型的技术文档。一名优秀的技术编写人员会使用一致的语言和用户可能搜索到的术语，清晰并有逻辑地撰写技术文案。

内容专家（Content Expert）

交互式数字媒体项目的主题范围可以非常广泛。例如，您可以构建一个交互式 3D 虚拟心脏或一个教孩子如何阅读的游戏。为了构建这些专门的应用程序，您需要得到来自最了解这些主题的人的意见或建议。内容专家帮助设计人员和开发人员理解那些通常包含项目设计和功能等相关信息的材料。

客户经常充当内容专家。例如，如果您正在为一群牙医制作一个网站，这些牙医很可能就是内容专家。然而，如果一家博物馆想要建造一个关于史前动物的交互式展品，而馆内工作人员对此缺乏足够的了解，那么他们就可以咨询内容专家。

用户（User）/ 质量保证测试人员（QA Tester）

大型游戏公司通常有完整的质量保证（Quqlity Assurance，QA）部门，致力于在整个开发过程中和游戏发布前发现游戏中的缺陷。这些测试人员通过一丝不苟地反复玩游戏和系统地改变一个变量，例如不同的角色、不同的武器等，来努力找出所有缺陷。

用户测试通常在客户驱动的交互式项目中进行，如网站和应用程序。

在这些项目中，有代表性的用户而不是开发团队成员，被招募来测试应用程序。

社交媒体专家（Social Media Specialist）

社交媒体渠道通常在交互式应用程序的营销、推广和客户服务方面发挥主要作用。您能想象一个游戏工作室发布一个新游戏而不传遍脸书、推特和Instagram吗？任何公司或组织的网站通常都有相应的社交媒体渠道。一个精明的社交媒体专家会给交互式项目开发团队带来巨大的好处。

第二节 推介项目

在您开始制作一个交互式应用程序之前，您通常必须说服某人聘用您的团队或者允许您按照您的想法进行制作。如果项目是由客户驱动的，那么推介就以项目建议书的形式进行。然而，如果项目是由内部开发的（例如，一个游戏公司计划发行一款新的游戏），那么推介将采用游戏设计文档的形式。无论哪种情况，都应该在项目推介中解决以下问题。

目标

这个产品的目标是什么？

目标陈述应该说明项目的目标。也就是说，应用程序应该完成什么？这是问客户的最重要的问题，因为目标可以完全改变项目的整个重点。例如，如果客户的目标是在网上展示一个很酷的形象，而不是获得网上销售，那么最终的网站将会非常不同。当您确定了目标并向客户重申时，表明了您理解客户想要达到的目标。

因为电子游戏是为娱乐而创造的，而不是像其他交互式体验那样解决问题，所以客观陈述不一定是游戏项目建议书的一部分。相反，文档应该以对游戏的清晰描述开始。

目标受众

这个产品是给谁的？

目标受众是应用程序面向的人群。了解目标受众很重要，因为不同的用户有不同的偏好和能力。

不要对您的目标受众做任何假设。一家游戏公司认为40岁以上的女性更喜欢浪漫故事，但是在对他们的目标受众进行调查后，他们发现她们实际上更喜欢解决谜题和智力游戏。了解目标观众的喜好对他们选择开发的游戏有很大的影响。

有时候目标受众会被细分。例如，一个大学网站的目标受众包括截然不同的群体：未来的学生、现在的学生、雇主、潜在的雇主、教师、未来的教师、职员和未来的职员。该网站需要解决所有这些不同类型受众成员的需求。

上下文语境

该产品将在哪里使用以及如何使用？

上下文语境回答了交互式应用程序将在何处、何时以及在何种条件下使用的问题，并且能极大地影响设计和开发决策。例如，如果您为在一个非常嘈杂的工厂车间工作的工人开发一个App，音频将是无效的；或者，用户穿着笨重的防护服，他将如何与设备交互？想一想为iPhone开发的游戏和打算在Xbox上玩的游戏之间的区别。不同类型的游戏会分别适合于不同的上下文语境。

内容

项目将包括哪些文本、图像、音频、视频、动画，它们以什么形式存在？

内容是任何交互式应用程序的核心。了解什么类型的内容将被包含到项目中，以及它是什么形式的，这一点很重要。该项目是否需要您的团队将视频数字化并扫描成千上万张的图像？或者您需要原创艺术和音乐吗？清楚阐明有什么内容、多少内容已经存在以及它们采用了什么形式，将有助于更好地确定项目的范围。

交互性

涉及什么类型的功能？

交互性描述了系统为了实现其目标必须如何表现。例如，应用程序是否需要在用户在搜索字段中输入内容之前就预测用户的需求？应用程序是否需要记住用户最后的交互，并根据之前的行为做出不同的行为？在项目定义阶段回答这些问题将有助于生成需要包含的功能列表。

预计结果

制作了这个产品之后有什么期待？

预计结果建立在最初规定的目标基础上。如果您达到了这个目标，您期望会发生什么？例如，假设您正在为体育用品商店的售货亭开发一个交互式决策应用程序，它将帮助一位女士挑选跑鞋。所描述的目标可能是"帮助"女人选择完美的跑鞋。但预计结果可能是：一旦售货亭就位，女式跑鞋的销量将会增加。

竞争分析

市场上有哪些竞争产品，它们的优点和缺点各是什么？

证明市场对该产品的需求可能会鼓励决策者向前迈进。在游戏推介中，通常包括"独特卖点"部分，讨论市场上的竞争游戏以及为什么所推介的游戏会更好。

文案风格和演示

因为项目建议书是决定一个项目是否被执行的决定性因素，所以文案写得有说服力很重要。项目建议书是一个机会，让潜在的客户或资助者知道您的团队最适合开发这个项目，并且该项目值得开发。简洁明了的文案也符合您的最佳利益，这样读者可以很快抓住要点，并且在您已阐述您的理由之前不会停止阅读。您还应该写得准确，因为项目建议书是成本估算的基础；如果您留下任何还需要解释的内容，您的客户或出版商可能会认为您所提供的内容比您预期交付的内容要多，这意味着您需要为此投入大量额外时间。

项目建议书的风格、语气和外观很重要。避免写个人叙述。项目建议书应该用第三人称写，以项目为主题。客户想知道您将如何解决他们的问题，而不是您的希望和梦想。您的项目建议书中的语气应该是积极的。如果您的文案听起来消极且过于挑剔，您就不会受到客户的喜爱。永远记住：演示很重要。您的项目建议书的外观和感觉是您将要交付的工作的预览。花点时间让您的项目建议书看起来很专业，给人留下好印象。

预算和时间表

虽然客户通常希望看到提交项目建议书的人理解他们的目标，但他们最感兴趣的是项目的成本和耗时。因为数字产品的开发通常没有任何材料成本（除非有许可费或购置费），所以预算通常是根据任务和小时费率来制定的。一个新的电子商务网站的简单预算可能是这样的。

表 3-1　电子商务网站的预算表（举例）

任务	小时数	费率	合计
规划	10	$125	$1250
100 个产品的图片及编辑	50	$100	$5000
界面设计	30	$125	$3750
前端编程（HTML、CSS）	40	$125	$5000
后端编程（PHP）	20	$150	$3000
总计			$18,000

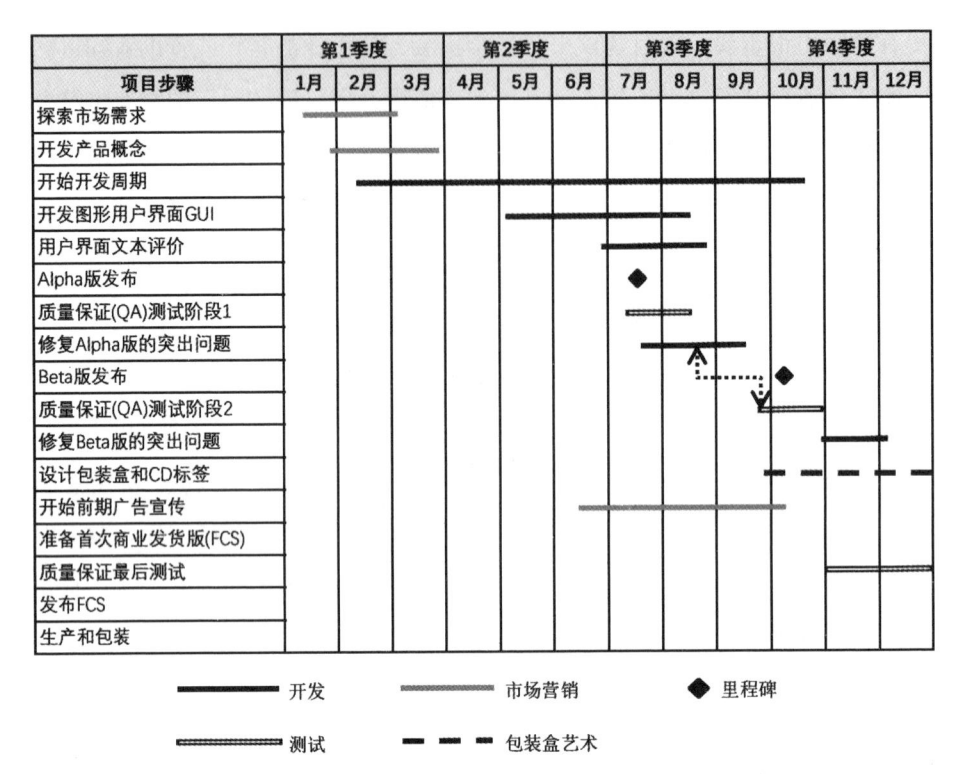

	第1季度			第2季度			第3季度			第4季度		
项目步骤	1月	2月	3月	4月	5月	6月	7月	8月	9月	10月	11月	12月
探索市场需求												
开发产品概念												
开始开发周期												
开发图形用户界面GUI												
用户界面文本评价												
Alpha版发布												
质量保证(QA)测试阶段1												
修复Alpha版的突出问题												
Beta版发布												
质量保证(QA)测试阶段2												
修复Beta版的突出问题												
设计包装盒和CD标签												
开始前期广告宣传												
准备首次商业发货版(FCS)												
质量保证最后测试												
发布FCS												
生产和包装												

──── 开发　　──── 市场营销　　◆ 里程碑
════ 测试　　━ ━ ━ 包装盒艺术

图 3-1　项目开发时间表，甘特图有助于开发团队制订计划以及与客户沟通项目时间

除了预算，项目建议书还应包括预计的时间表。根据项目的复杂程度，时间表可以用不同的格式表示。对于简单的项目，包含项目中每个阶段预计完成日期的简单列表可能就足够了。对于较大的项目，如大型电子游戏的项目建议书，可以使用甘特图来表示项目的每个阶段以及相关预计时间。

第三节　开发过程

客户或出版商接受了项目建议书，组建了一个团队，是时候启动该项目了。一个项目如何开始，过程是什么？每个公司使用的术语可能不同，但通常可以分为三个阶段：定义、设计和制作阶段。定义阶段的目标是明确团队将做出什么。设计阶段包括确定所有部件如何装配在一起，并定义外观和感觉。而在制作阶段，团队实际构建前面阶段所描述的部件。

尽管我们刚刚以线性方式定义了三个不同的开发阶段，但事实上，开发过程往往是高度迭代的。随着项目的进展，定期对工作进行评估，评估的结果可能需要重新校准和进行变更，这些在项目继续进行之前都需要完成。

开发过程中的每个阶段通常都有某种类型的进度标志和在每个阶段确定的可交付成果。可交付成果是项目成形时已开发的部分，例如几组线框图或初步原型。付款时间表通常与交付成果相关联。

下面让我们仔细看看每个开发阶段。

第1阶段——定义

项目定义阶段的目的是让所有相关方清楚地了解他们在做什么、为什么要做，以及为谁做。一些项目定义是在项目建议书编写过程中产生的。但是，一旦项目被批准，就要进行更深层次的研究，以便使该开发团队能够最好地交付满足他们目标的产品。

市场调查

市场调查包括更多地了解客户，他们的身份、偏好和挑战。您可以查看哪些数据来更好地了解您的客户和他们的需求？例如，如果您正在建立一个网站，看看他们的网络分析来确定流量来自哪里以及人们在他们的网站上的行为会很有启发。观察竞争产品，评估哪些有效、哪些无效，可以帮助指导设计过程。

用户研究

用户研究要求您去了解用户。使用该应用程序的人的偏好和习惯是什么？他们想做什么，他们将如何着手去做？焦点小组和调查等工具有助于开发团队更多地了解目标用户。有时创建用户人物角色是为了帮助设计团队深入思考用户的需求。

视觉研究

视觉研究是通过收集相关视觉元素来专注于一个设计方向。像 Pinterest 这样的基于 Web 的工具非常适合在一个地方存储一些视觉灵感，并且可以在设计团队内部共享。一些设计师创造了情绪板工具，一种由图像、文字和视觉材料组成的拼贴画，以便开始形成一个视觉方向。

一旦研究完成，团队应该对交互式产品的功能和内容有更好的理解，然后以功能规格说明书的形式表达出来，为设计工作的开始提供基础。

用户人物角色 #1

用户组：国际学生

科科　转校生　20 级

　　科科是来自韦伯斯特加纳校区的一名转校生。她在秋季假期前几天飞过来，搬进了学校公寓。她正在韦伯斯特格罗夫斯校区学习第二学期的课程，渴望结识新朋友，探索美国。

场景 1	问题
科科需要为她新的学校公寓买杂货，但在这个国家她没有个人交通工具。	这所大学提供有关交通工具信息吗？
用户任务	用户的步骤
查找有关交通工具选择的页面。	1. 将鼠标悬停在"服务"链接上 2. 点击交通工具

场景 2	问题
科科听说有一个项目可以把她与一个美国家庭联系起来，她想参与其中。	如何制订学生与寄宿家庭或朋友见面的计划？
用户任务	用户的步骤
找到韦伯斯特国际友谊计划的页面并申请。	1. 将鼠标悬停在"计划"链接上 2. 点击韦伯斯特国际友谊计划 3. 向下滚动到国际学生申请链接

场景 3	问题
科科错过了秋季的国际学生迎新会，她需要知道下一次迎新会是什么时候。	下次国际学生迎新会是什么时候？
用户任务	用户的步骤
找到迎新时间表。	1. 将鼠标悬停在"新闻和事件"链接上 2. 点击迎新时间表 3. 向下滚动到合适的学期

图 3-2　用户人物角色帮助设计师了解用户的想法

第2阶段——项目设计

设计阶段的目标是创建视觉效果，传达交互式应用程序的外观、感觉和工作方式。就像建筑师为建筑设计蓝图并将其交给建筑商一样，交互设计师编写设计文档，作为给程序员的一套指令。设计师使用几种不同类型的文档与团队其他成员交流他们的想法，包括程序框图、线框图、用户场景、界面设计和原型。

程序框图（Flowchart）

程序框图是交互式应用程序结构的可视化表示。它由代表游戏的不同页面或部分或层级的方框（和其他形状）组成，方框之间的线条表示链接或路径。对于像只做几件事的App这样的项目来说，程序框图可以很小和非常简单。对于具有数千个页面的大规模网站来说，程序框图可能非常大且复杂。

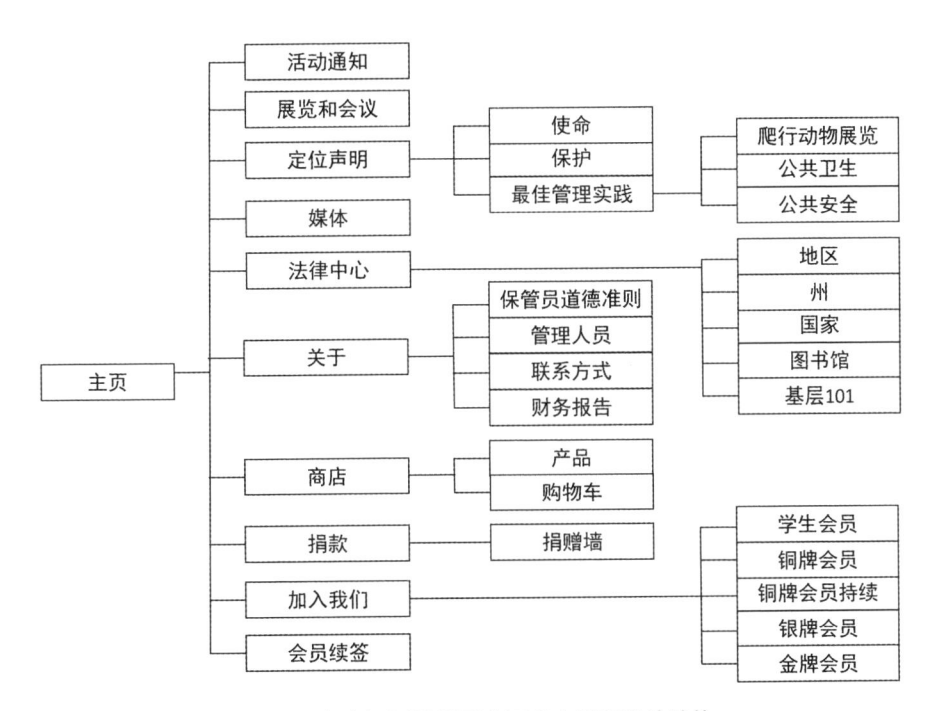

图 3-3　程序框图描述了交互式应用程序的结构

程序框图可以用专门的软件制作，如 Microsoft Visio。然而，许多设计师更喜欢使用他们最熟悉的图形应用程序（如 Adobe Illustrator 或 Adobe InDesign）来制作他们的程序框图。

对于内容丰富的应用程序，在创建程序框图之前，必须对内容进行组织、分类和标签化。这是信息架构师的工作，他使用技术来考虑用户如何对内容进行分类和标签化，以构建应用程序的结构。

线框图（Wireframe）

线框图是一个蓝图，指明所有交互和内容元素在屏幕上的位置。线框图只能是黑色、白色和灰色，因为省略颜色会迫使客户和团队专注于空间的使用，而不会被颜色、字体和图像分散注意力。对于交互式应用程序中的每个屏幕，并不都需要制作线框图——只需针对一些有代表性的屏幕即可。如果两个屏幕有相同的基本布局（但内容不同），只需要一个线框图。设计师制作的线框图数量取决于应用的复杂程度。

图 3-4　线框图描述了屏幕上元素的布局。应为每个独特的页面布局制作线框图

线框图需要与最终应用程序运行的屏幕比例相匹配。例如，您不会为智能手机的 App 制作正方形比例的线框图，因为智能手机屏幕是矩形的。

用户场景（User Scenarios）

用户场景旨在展示用户如何在交互式应用程序中进行移动。对于每个用户场景，您应该描述用户是谁，以及他想完成什么。然后，您将通过可视化连接的线框图来指示用户在一个屏幕上进行操作以到达下一个屏幕，从而展示他将如何通过应用程序完成任务。

假设您正在开发一个允许用户定位搪胶（Funko vinyl）人物的 App。您的用户场景可能是：

家里的狗奥利（Ollie）在塔米（Tammy）去上大学的时候弄坏了一个限量版口袋妖怪 Funko 流行玩偶。塔米的妈妈想在她回家过节前换掉它，但她只知道玩偶的颜色，其他一无所知。她愿意为此付出任何代价。

下面的场景展示了塔米的妈妈如何通过 App 执行这项任务。

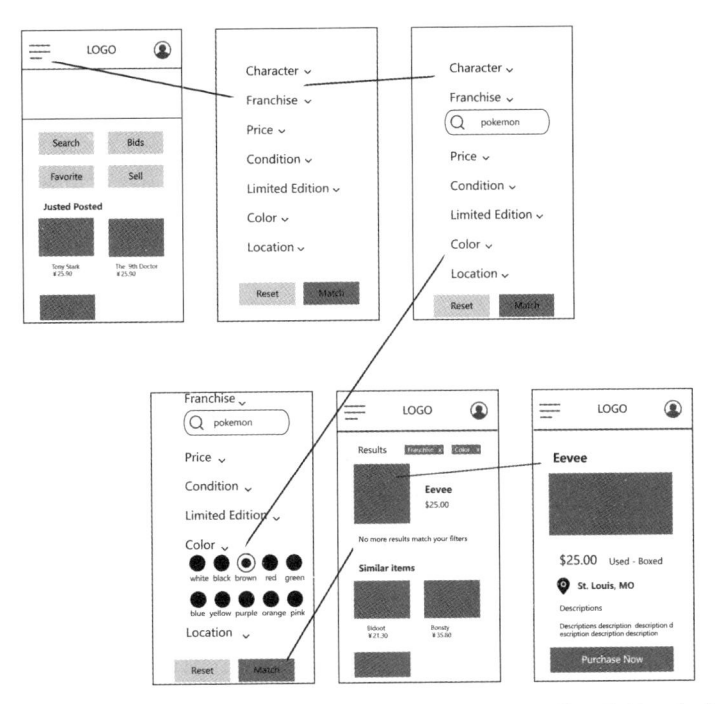

图 3-5　这个用户场景展示了用户在交互式应用程序中可能采取的一条路径

基于具有不同需求的不同用户类型创建用户场景的过程有助于设计者识别重复行为并调整设计以适应各种用户需求。

界面设计

界面设计本质上是交互式应用的关键屏幕的模型。使用线框图作为屏幕布局的指南。界面设计过程包括选择颜色、类型和设计图标，以使应用程序具有合适的外观和感觉，同时牢记目标、受众、内容和上下文。

原型

在界面设计过程的最后，团队应该已经建立了一个原型——一个不完整的产品工作模型，它为团队提供了一个机会来了解产品将如何工作，并尽可能地找出潜在问题。原型也可以展示给客户或出版商，以征求他们的意见，并确保开发团队走上正确的道路。

App 的简单原型可能是 Photoshop 中模拟的几个屏幕，它们链接在一起成为一个交互式 PDF。通常，原型将使用语言或在最终创建产品的平台内构建。例如，一个网站项目的工作原型可能是几个 HTML 页面和一些起作用的链接。游戏的原型可能是在游戏引擎中构建的实际游戏的一个小的可工作的部分。

像建筑师一样，设计师不会在规格和原型完成后就离开项目；在整个开发过程中，他经常与程序员沟通，并根据需要设计任何附加的图形或模型。

第 3 阶段——项目制作阶段

当设计被批准并开发出原型时，制作阶段就开始了。此时，主要需要进行编码或制作。产品的最终使用和部署环境以及团队的专业领域将决定使用什么类型的编程语言和环境来开发项目。

在整个制作阶段，都应该进行用户测试，其目的是在应用程序推出之前发现问题。用户测试经常会导致很多意想不到的结果。

软件和游戏公司总是对他们的产品进行用户测试，因为他们的预算往往比移动应用或网站的预算多得多。例如，Adobe 向代表性用户发布产品的 Beta 版本，以获得反馈并识别缺陷。游戏公司将在整个开发过程中进行质量保证（QA）测试。

当游戏或应用程序等大型交互式项目接近完成时，它们通常会分阶段推出，并被称为"Alpha 版本""Beta 版本""Gold master 版本"。Alpha 版本包括大多数媒体元素，但也有许多缺陷。这些缺陷被识别和修复，然后发布 Beta 版，它可能仍然有一些缺陷，但包括所有媒体。最后，Gold master 版（正式版）发布了，这是一个完整的、（理论上）无缺陷的应用程序。之所以分阶段推出，是因为当人们开始使用这个应用程序时，在这个过程中会发现很多这样的缺陷。当有 1000 个用户使用一个应用程序，而不是 10 个测试人员时，缺陷会很快被发现。因此，虽然对于早期的使用者来说这可能很烦人，但是对于开发团队来说，发布一个不完美的应用程序是很有价值的。

产品发布后，仍有工作要做。根据产品的不同，在真正完成之前，可能需要制作发行说明、手册和包装。此外，将材料归档也很重要。存档文件可以为您节省大量时间和避免痛苦，因为客户可能会在数年后回来要求进一步的工作。

专业人士访谈

蒂姆·弗里克（Tim Frick）

美国伊利诺伊州芝加哥市 Mightybytes 公司

蒂姆·弗里克是总部位于芝加哥的数字机构 Mightybytes 的创始人兼首席执行官，该公司是一家通过 B 级认证的，主要与非营利和教育机构等使命驱动型的组织合作。蒂姆在大学学习电影制作后，于1998年创建了 Mightybytes，并利用他在电影制作方面的背景帮助组织讲述他们的故事。蒂姆还是一名经验丰富的会议主持人，也是交互式数字媒体相关主题图书的作者。

您是如何从电影跳到交互式媒体的？

当互联网出现的时候，我正准备成为一名电影制作人。我对它能做什么以及它如何改变我们交流的方式感到兴奋。作为一个讲故事的人，我真的对使用这种新媒体作为一种推动新思想的方式很感兴趣。所以，这是一次自然的转型。但这也是一个非常激动人心的时刻，因为到处都有很多机会。

Mightybytes 从事什么类型的交互式项目？

我们的大部分项目都是为使命驱动型的组织重新设计网站。我们与出版商和大学有很多合作。仅仅这些组织就有非常不同的需求；出版商可能试图销售产品，而大学可能试图增加注册人数。我们的目标始终是抓住业务目标的核心，确保用户需求和业务目标保持一致。

在项目开始之前,您想回答什么样的问题?

您知道,项目的最基本问题是:时间表、预算、目标。针对他们想要完成什么,为什么要完成、时间表和预算,双方进行第一次对话非常重要。这有助于我们快速确认双方能否就这些问题达成一致。我们提前对这个组织做了一些调查,看看它是否合适。例如,作为一家通过 B 级认证的公司,我们非常环保,但也有用液体破碎法开采天然气的公司要求我们为他们工作,我们礼貌地拒绝了。因此,有这种资格的对话很重要,这样我们就不会浪费时间去向不太合适的公司收取费用并编写项目建议书。

什么是好的项目建议书?

我认为重要的是要确保您真的清楚您被要求做什么。您不应该只是记住并重复某人说他们在寻找什么,而是应该以您认为对客户最有用的方式来解释,并一步一步地告诉他们您将如何去做。我认为,许多公司陷入了谈论他们的流程,项目建议书往往都是关于他们的,而不是他们将如何解决客户的挑战。一份好的项目建议书应该尽可能具体,但也要尽可能灵活。我们希望项目建议书简洁、清晰、易于理解且引人入胜。但我们希望客户明白,我们有足够的灵活性来应对不可避免的变化。

您如何为一个项目创建预算?

服务机构有各种不同的方式来按时间收取费用。Mightybytes 通常在网站项目上使用固定投标管理范围的方法,尽管我们也有许多固定客户。我们不会把预算分解得那么详细,而是找到一个双方都认同的预算范围,我们可以在这个范围内工作。我们提供定期的预算报告,通常是两周一次,并随着项目的进展,就如何最大限度地利用剩余资金进行持续沟通。

我们很幸运，现在我们已经进入了第 22 个年头，因为我们有许多过去的项目数据，可以追溯作为参考。即使一个老项目不是横向比较，我们至少可以做一些假设，帮助我们和我们的潜在客户在成本方面达成一致。

在客户方面，他们有两件事要做：一个具有一组目标的项目和一个公司预算。我们帮助他们搞清楚如何管理这些资源，并从项目预算中获得最大收益。我们采用优先策略，首先开始致力于最高价值的可交付成果，以便我们为组织提供最大的价值，并帮助他们更快地解决他们的问题。如果我们做到了这一点，那么我们就可以根据目前所学的知识来重新安排剩余事情的优先顺序。

在您的项目团队里通常有多少人和什么类型的人？

至少我们会有一名设计师、一名开发人员和一名项目经理。这取决于项目的性质。如果内容不太多，这些人对一个团队来说就足够了。但是我们的许多客户都有成千上万页的网站，所以这些网站的一个大的挑战是采用大量的分类法和交叉引用做信息架构。如果这是一个大项目，那么我们将有多个设计师和开发人员参与。但是信息流通常由一名项目经理负责，他和他们那边的一个人一起工作，从而简化了沟通。

一旦项目开始，您在过程中使用什么样的设计文档？

这取决于项目。让我们来比较两个示例项目：一个包含大量内容的大型内容战略项目网站，一个手机上的海滩清理 App，它可能不是超级内容密集型的，但依赖于用户执行任务。对于像海滩清理 App 这样的项目，我们通过制作用户流动和旅行地图，再制作线框图，进行用户研究，尽可能多地测试我们的假设。大部分工作都是在我们客户的工作室里完成的。我们发现这有助于我们更快地达成共识。

在一个内容丰富的项目中，我们会做大量的卡片分类练习，解决分类问题，以确保用户能够找到他们想要的东西。我们进行测试时让 20 个人去找一个内容。然后我们追踪他们的路线。Optimal Workshop 的 Treejack 是一个很好的工具，用于找出用户遍历具有大量内容网站的路径。

设计阶段完成后会发生什么？

所以，我不会说设计阶段是必然的。对我们来说，设计和开发是尽可能迭代的。我们倾向于循环、协作式的冲刺（Sprints），以更快地达成共识。冲刺可能是内部冲刺，也可能是客户与我们共同创造的设计冲刺。我们发现，当我们以这种方式工作时，获得批准和前进的过程会更快。我们不做设计，而是越过它，然后进行开发。

您的项目启动流程是什么？

有时候，发布一个大的网站是有意义的。但是对于一些项目来说，要么对现有的内容进行一些调整，要么进行一次试运行，这样您就可以真正获取用户数据。一个已发布的产品的好处在于，您可以收集关于用户如何与它交互的真实数据，并做出一些关于如何改进这种开发的有根据的决定。根据客户的需求和他们想要的，我们会建议他们在这两种方法中选择一种。

无论哪种方式，我仍然建议我们的客户，一旦他们发布了一些东西，就要考虑长期的优化过程。其中一些可能是搜索引擎优化（Search Engine Optimization，SEO），我们只是努力将更多的有效流量引入网站。或者，我们可能会发现提高效率的方法，例如，我们可能会了解到在一个表格中有三个我们不需要的额外步骤，如果我们删除这些步骤，我们就不会在漏斗中有那么多下降。这种持续的优化和测试可以提高转化率，帮助客户实现目标。

Mightybytes 是为您的客户提供托管服务还是把它们放在别的地方？

这两种方法我们都有采用。我们鼓励客户使用托管服务，最好是由可再生能源驱动。我们提供一揽子服务，但有些客户有他们自己喜欢的供应商。

您主要使用 WordPress 作为内容管理系统来开发网站吗？

是的。多年来，我们一直是 WordPress 和 Drupal 服务商。事实上，我们赞助了芝加哥的 Drupal 大本营，我们是它的大力支持者。但是，作为一家小机构，很难两者兼顾，因为这两个软件所要求的开发技能相差太大。因此，在 2011 年，我们放弃了 Drupal，主要专注于 WordPress。

产品发布后，您会做可用性测试吗？

是的。我们做三种用户测试：定量的、定性的和行为的。在定性方面，是做访谈和获得个人反馈。在定量方面，我们将使用谷歌分析。就行为而言，它研究的是用户与应用程序交互的行为。根据您想要完成的目标，我们使用一种特定的工具来跟踪大量用户在特定页面上做了什么。它实际上是跟踪转化，并找出在这个过程中您可以做出改变和调整的地方，以优化过程并达到更好的目标。

在招聘员工时，您有没有特别想了解的专业领域或工作经验？

我肯定会寻找具有出色的解决问题能力的人。我最喜欢的访谈问题之一："你遇到过的最棘手的情况是什么？你解决这种情况的方法是什么？"我无法想象，如果没有良好的解决问题的技能的话，你能够在 2019 年成为一名优秀的设计师或者开发人员？你可以训练某些技能，但是很难训练一个人的创造力、创新力和创造性解决问题的能力。所以，我肯定会去找这样的员工。

我自己也是个作家，所以我肯定很欣赏会写作的人，因为那意味着他们能很好地交流。如果他们沟通良好，我知道他们从事的项目会进行得更顺利。

在这个行业工作，您喜欢什么？

我喜欢多样化。我总是有新的挑战要应对，有新的问题要解决。因为我们与非营利组织合作，它们在几乎所有方面都落后于商业部门5年，帮助这些组织了解什么是好的设计是令人兴奋的。当他们看到"注重良好设计实践，推出一个好的产品，真正做它应该做的事情，并看到它如何直接影响他们"的结果时，他们的眼睛就会亮了起来。

讨论问题

（1）交互式媒体开发团队中的哪个角色最吸引您？为什么？

（2）在交互式媒体开发团队中，什么角色最没有吸引力？为什么？

（3）您过去是否参与过迭代项目？为什么？

（4）项目建议书最重要的部分是什么？为什么？

（5）为什么像 Mightybytes 这样的公司要遵循规定的交互式数字媒体开发流程？

第四章

交互式数字媒体的基本组成部分

无论我们创建何种形式的交互式数字媒体,我们所有的内容:音频、视频、文本、图形等,必须是数字形式。如果媒体不是数字的,那么我们就不能把它存储在计算机上,而计算机是我们创作交互式应用的主要工具。但是数字化意味着什么呢?我们如何将媒体转换成数字形式?在这样做的时候,我们应该遵循什么准则?

第一节 模拟和数字媒体

模拟和数字媒体是两种不同的信息编码方式。像单词和数字一样,它们是两种不同的表示方法。在计算机时代到来之前,所有的媒体都是模拟的:磁带、录像带、唱片、电影、照片等,其中媒体以连续的形式表示。与模拟媒体相反,数字媒体以离散的采样值表示。

第二节 比特和字节

计算机以"比特"(bit,也称为"位")的形式存储信息粒子。1比特是最小的数字数据，可以是 1（"开"）或 0（"关"）。因此，所有的数字文件最终都是由大量的 0 和 1 组成的。文件越大，里面包含的 0 和 1 就越多。

因为所有的数字文件都是由 0 和 1 组成的，所以您可能想知道复杂的媒体，比如视频文件如何能用两位数来表示。答案是，通过把几个 0 和 1 串在一起，就可以描述更复杂的信息。如果您只用一位数来描述某种形式的媒体，您就无法描述得很具体，因为 1 位数只能表示两种可能：0 或 1。然而，如果您把两个比特放在一起，就可以表达四种可能性：00、01、10 和 11。每增加一位，您能表达的可能性就会加倍。

在计算机体系结构中，八位是表示不同类型信息的常用量。例如，ASCII 文本系统是一个八位系统，其中八位代码用于表示英语中的所有 256 个字符。例如，字母 A 用 01000001 表示，而数字 5 用 00110101 表示。

在 20 世纪 90 年代初，八位显示器非常普遍，这意味着显示器可以显示多达 256 种可能的颜色。现在的大多数现代显示器是 24 位彩色的，其中每个像素的红、绿和蓝每种光的亮度分别用 8 位数来表示（总共 24 位）。使用 2 的幂次逻辑，我们可以确定 24 位显示器可以产生超过 1600 万种不同的颜色（2^{24} 约等于 1600 万）。

因为将八个比特串在一起表示信息在数字世界中很常见，所以它有一个特殊的名字：一个字节（Byte）。您可能对"字节"这个术语很熟悉，因为我们用字节来表示我们的文件的大小。大多数文件至少有 1 个 Kilobyte（千字节，即 1000 字节[①]）或者 1 个 Megabyte（兆字节，即 1,000,000 字节[②]）甚至 1 个 Gigabyte（千兆字节，即 1,000,000,000 字节[③]）。我们使用的文件中有很多 0 和 1！

考虑一个 40 千字节的文件（例如一个小的 Microsoft Word 文件）有多

---

① 1 个 Kilobyte（缩写为 KB）精确包含 1024 个字节。
② 1 个 Megabyte（缩写为 MB）精确包含 1024^2=1,048,576 个字节。
③ 1 个 Gigabyte（缩写为 GB）精确包含 1024^3=1,073,741,824 个字节。

少位。

- 40 千字节 = 40,000 字节 ①
- 8 位 = 1 字节
- 位数 = 40,000 × 8 = 320,000 位

因此，小小的 Microsoft Word 文件是由 320,000 个 0 和 1 组成的。现在想象一下一个视频文件中有多少个 0 和 1！

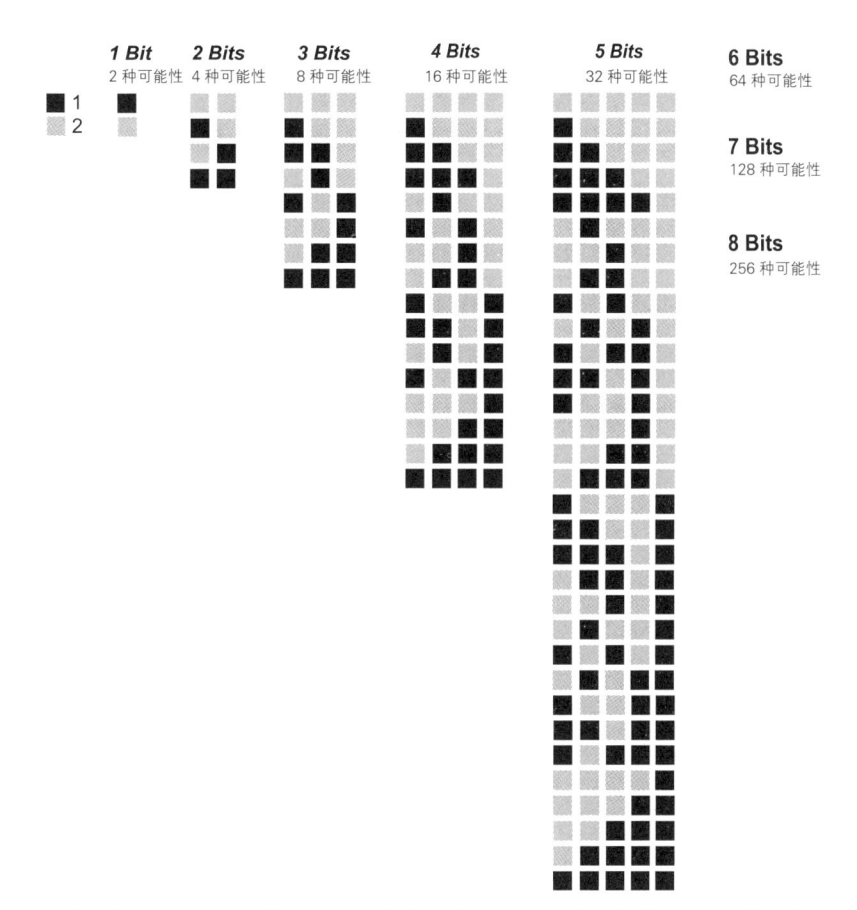

图 4-1　每增加一位，可以表示的项目数量就会翻倍，这种现象被称为"2 的幂"。例如，用八位，我们能表示 256 种可能的变化；而用十六位，我们能表示多达 65,536 种可能的变化

---

① 精确数据为：40 千字节 = 40,960 字节。

第三节　文件格式

如果每个文件都只是由 1 和 0 组成，您的计算机如何知道以什么方式来处理它？这是文件格式的任务。文件格式由文件名中句点后的一系列字母决定。这些字符被称为文件扩展名。它们非常重要，因为当用户双击文件时，它们会告诉操作系统如何处理该文件。例如，添加到文件名中的 .DOCX 扩展名告诉操作系统文件中的数据应该由 Microsoft Word 应用程序解释。然而，有时多个应用程序可以处理同一类型的文件。也许您经历过双击一个文件，但启动了一个您不想使用的应用程序？要么操作系统会默认选择一个应用程序，要么会问您想用什么应用程序打开文件。

随着操作系统在过去几十年的发展，跨平台文件的兼容性也在不断完善。过去，某些文件格式是 PC 特有的，无法在 Mac 上打开，反之亦然。Web 为更好的跨平台兼容性铺平了道路，因为它不是特定于平台的，并且允许人们很容易地共享文件。

而数据文件（您可以创建和修改的文件，包括图像、声音、文本、动画、视频等）通常是跨平台兼容的，而应用程序文件通常不是。应用程序文件是包含可执行指令的文件，如 Firefox 或 Microsoft Word。当您将新的应用程序下载到您的计算机上时，您必须确保您下载的版本适合您的操作系统，也就是说，该应用程序是否能安装在您的电脑上。现在互联网如此普及，连接速度也有所提高，许多应用程序都是基于 Web 的，完全通过 Web 浏览器运行。

大多数用于交互式数字媒体开发的程序都有原始文件格式，其中包含完整的、未压缩的文件版本，您可以对其进行进一步编辑。保留原始文件总是一个好主意，这样即使派生文件被用作最终文件中的片段，您也可以在将来对其进行编辑。例如，Photoshop 原始文件格式是 PSD 文件（扩展名

为 .PSD）。PSD 文件只能在 Photoshop 中打开。它们会保留所有图层信息以及您对图像所做的任何过滤和调整信息。如果您可以访问 PSD 文件，您可以返回到图像并操纵图层，或者打开或关闭您添加的效果，并导出新版本以供您的项目使用。因为 PSD 文件保留了所有这些额外的信息，所以文件大小往往比从 Photoshop 中导出的图像文件大。

当您在某些媒体应用程序中工作时，原始文件格式更像是一个容器，包含指向不同类型媒体的指针。例如，Adobe InDesign 是一个页面布局程序，允许您构建多个页面和交互式文档，它就是以这种方式工作的。原始（.INDD）文件非常小，因为它只包含关于文档中引用的所有媒体应该如何显示的指令。在 InDesign 中，原始文件并不是您要分享的供一般使用的文件。相反，您可以将其导出为更容易理解的文件格式，通常是 PDF，它可以在大多数计算机上和 Web 浏览器中打开。Final Cut 和 Adobe Premiere 等视频编辑程序、Adobe After Effects 等视频合成应用程序以及 Adobe Audition 等音频编辑应用程序的工作方式大致相同。因为这些应用程序更像是指向其他文件的容器，所以您应该将主项目文件中引用的文件整理到一个文件夹中，并将它们全部保存在一起。

表 4-1 概述了交互式数字媒体制作人员可能使用的常见应用程序及其相关的原始文件类型。

表 4-1　常见应用程序及其文件格式

应用程序	描述	原始文件格式	常见派生文件
Adobe Photoshop	图像编辑	.PSD	.JPG，.PNG，.GIF
Adobe Illustrator	矢量绘图	.AI	.PDF，.EPS
Adobe InDesign	页面布局	.INDD	.PDF
Adobe Premiere	视频编辑	.PPJ，.PRPROJ	.MOV，.MP4，.AVI
Final Cut Pro	视频编辑	.FCPX	.MOV，.MP4，.AVI
Adobe Audition	音频编辑	.AAC	.MP3，.AIFF，.WAV
Avid Pro Tools	音频编辑	.PTX	.MP3，.AIFF，.WAV
Adobe AfterEffects	视频合成	.AEP	.MOV，.MP4，.AVI

续表

应用程序	描述	原始文件格式	常见派生文件
Maya	3D 图形和动画	.MB	.OBJ，.STL，.MOV，.MP4
Adobe Dreamweaver	编码	.HTML，.JS，.PHP，.CSS	n/a
Unity 技术公司 -Unity 游戏引擎	游戏制作	.UNITY	.EXE（PC 游戏） App bundle（Mac） Xcode（iOS）

　　虽然保留作为交互式数字媒体项目一部分的原始文件和派生文件很重要，但拥有一个用于组织和备份与项目相关的所有文件的维护系统也是必不可少的。使访问旧文件变得更加复杂的一个问题是过时的存储介质。例如，从 20 世纪 90 年代末到 21 世纪初，一种流行的存储介质是 zip 压缩磁盘。内置于计算机或作为外设添加的压缩驱动器可以读取或写入 zip 压缩磁盘[①]。压缩磁盘通常存储 100 或 250 兆字节的数据。如果您把旧的文件存档在压缩磁盘上，那么要访问这些文件就很困难，因为您必须找到一个 zip 压缩驱动器和一个合适的驱动程序，这样计算机才能使用它。因此，当数字存储技术开始过时时，将文件转移到更现代的介质上是一个好主意。

　　将文件存储在"云中"已经变得越来越普遍，这样做的好处是在硬件故障的情况下防止数据丢失。Dropbox 是一种常见的基于云的文件存储系统。然而，有些文件类型不适合保存在云中，比如大型视频文件。在这种情况下，最好将它们保存在便携式硬盘上，如果可能的话，保存在两个不同的硬盘上。将大文件放在硬盘驱动器上可以提高计算机的性能，在辅助硬盘驱动器上保存备份有助于防止文件丢失。

---

① 2000 年前后出品的外置 zip 压缩硬盘。参见：https://commons.wikimedia.org/wiki/Category:Zip_drive#/media/File:Iomega-100-Zip-drive.jpg。

第四节 模数转换

交互式数字媒体项目时常需要集成目前仅以模拟形式存在的媒体。在这种情况下，制作团队必须将模拟文件转换成数字格式。例如，音频可能只存在于磁带上，或者，视频内容可能只存在于胶片上，或者，视觉媒体可能是纸上的原画。在每一种情况下，当将模拟信息转换成数字格式时，您必须做出一些折中的选择。

将模拟信息转换为数字信息的过程有时也称为采样，因为原始来源文件的数字表示只是它的一系列样本。采样的一个例子是使用简单的照片扫描仪。当您进行扫描时，您必须决定您想对信息进行采样的程度，即"分辨率"：在给定大小的空间内对模拟原始素材进行采样的数量。如果您需要很多细节，您可以用很高的分辨率采样。

为了更好地理解分辨率如何影响扫描图像的质量，请考虑以下示例。如果我们对一个 1×1 英寸的正方形图像取 100 个样本，与在同样的 1×1 英寸的正方形中只取 16 个样本相比，我们可以获得模拟图像的更真实的描述。我们在给定区域采集的样本越多，分辨率越高，我们对模拟原始素材的采样表现就越好。

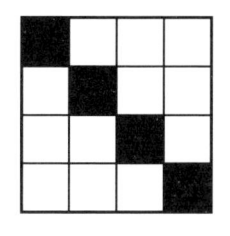

1 inch x 1 inch
4 dpi

1 inch x 1 inch
10 dpi

图 4-2 给定区域中的像素越多，定义形状的能力就越强

虽然我们谈论的是图像的区域，但分辨率是以每英寸长度上的点数（或像素）（dots per inch，缩写为 dpi）来衡量的。由 100 个像素组成的 1 平方英寸图像，其分辨率是 10 dpi，而由 16 个像素组成的 1 平方英寸图像，其分辨率是 4 dpi。

在下面的示例中，您可以看到更高的图像分辨率如何产生更高的质量。

50 dpi   300 dpi

图 4-3　右图分辨率为 300 dpi，比左图 50 dpi 低分辨率的图像清晰得多

专为在电脑屏幕或移动设备上观看而设计的图像不需要超高分辨率。通常显示器分辨率只有 72 dpi 或 96 dpi，因此在屏幕上观看图像时，更好的细节和清晰度并不明显。另一方面，为打印而设计的图像的分辨率通常为 300 dpi。基于屏幕的图像经常通过互联网传输。由于它们具有较低的分辨率，因此它们的文件大小更小，下载速度更快。

将模拟声音转换为数字声音需要对原始模拟源进行采样。然而，在这种情况下，高采样率意味着在给定的时间内获取更多的样本。

图 4-4 演示了更高的采样率如何产生具有更准确表示模拟声音的数字文件。第一组插图是实际声波的表示，显示了低采样率（深灰色线表示采样点）和重构的声波。第二组插图描述了高采样率和由此重构的声波。您可以看到，在第一组插图中，重构的波看起来不太像原始模拟波。但是，如果在给定的时间内采集更多的样本（如第二张图所示），数字文件将更准

确地表示原始声音。然而，需要权衡的是，在高采样率下采样会采集更多的数据。

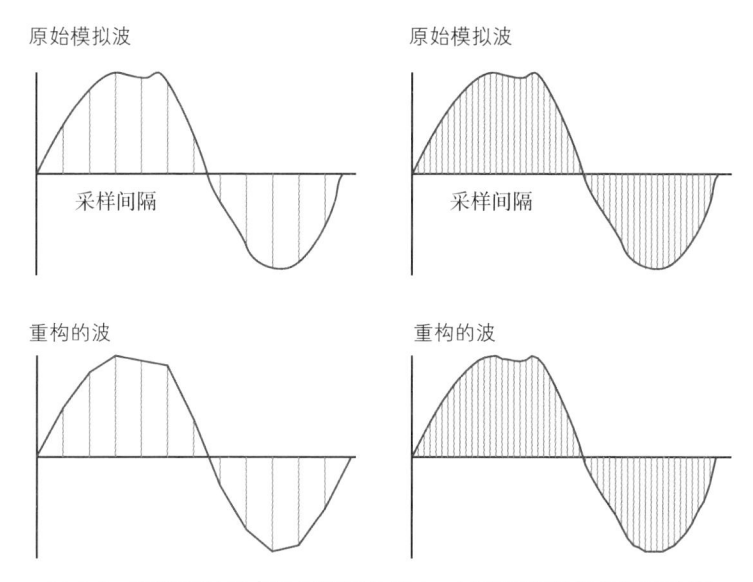

图 4-4　在给定时间内采集更多的样本，可以更好地近似原始来源

以尽可能高的频率对音频进行采样并不总是必要或合适的，因为我们采样的信息越多，文件就越大，并且有可能采集到人耳听不到的信息。采集我们听不到的声音是没有意义的（除非您是在给海豚制作 App）。因此，牢记最终用途非常重要。一个好的经验法则是用比最终用途所需采样率稍高的采样率对媒体进行采样，然后丢弃任何多余的信息。

奈奎斯特理论（Nyquist Theory）认为，声音采样的频率是最大可能频率的两倍，因为它确保原始波形的所有波峰和波谷都能被捕捉到。因此，如果以 44.1 kHz 对数字录音进行采样，那么 22.05 kHz 是可以捕捉到的最高频率的声音。

位深度（Bit Depth，用于表示数字样本的位数）是影响数字文件质量的另一个因素。用于描述媒体的位数越多，对模拟源的采样表现就越好。

例如，想象您正试图描绘一幅风景。如果您只有 8 支蜡笔，您不会得到一个非常准确的表现。而如果您有一盒 500 支的蜡笔，您会得到一个更准确的表现。旧的 8 位显示器很像一盒蜡笔，因为它们只有 8 位来代表屏幕上的所有颜色。这给当时的 Web 设计人员提出了一个挑战，因为他们必须选择颜色和设计图形，使它们在有限位深度的显示器上看起来不是很差。

彩图 1 说明了位深度如何影响图像质量。在第二张照片中，只有 8 位被用来描述原始图像中所有不同的颜色。结果是它看起来确实有斑点并且色彩单调，因为用 8 比特我们只能用 256 种不同的颜色来描述图像，而 256 种颜色不足以捕捉原始图像中的各种颜色。

当应用于声音时，低位深度具有类似的不良效果。由于位数有限，您无法精确描述所采样的声音水平。以低位深度采样得到的数字声音将实际上是原始声音的一个失真版本。

最佳实践是以尽可能高的分辨率、位深度、采样率等采集和保存数字文件，直到输出最终产品。然后，如果需要进一步操作，或者最终产品需要更高的质量，上述原始文件就能支持这样做。

第五节　数字媒体的优势

虽然将媒体转换成数字格式需要做出折中，但是将媒体转换成数字形式有几个好处。一个主要的好处是它可以被复制而且不会产生衰减。当复制模拟媒体时，例如从一盒磁带复制到另一盒磁带，会产生衰减。复制品的质量不会像原件那样好。

以数字形式使用媒体的另一个显著优势是能够以非线性方式进行编辑。在用电脑进行电影剪辑之前，编辑们不得不将电影胶片剪贴在一起[1]。如果他们剪掉太多，这是一个很难修复的错误。模拟声音的编辑以类似的方式工作。数字音频和视频编辑现在可以不按顺序进行，也不会破坏原始素材。

---

[1] 传统电影剪辑是一个物理的、破坏性的过程。参见：https://commons.wikimedia.org/wiki/Category:Film_editing#/media/File:Fotothek_df_pk_0000165_017.jpg。

易于发行是数字媒体的另一个好处，但也导致了许多侵犯版权的行为。20世纪90年代中期出现的点对点音乐共享平台纳普斯特（Napster）等整个企业，都因在互联网上非法共享数字媒体文件而被关闭。Napster的消失和互联网带宽的提高为声田（Spotify）和网飞（Netflix）等音乐和视频流媒体服务铺平了道路，允许用户合法消费数字内容。然而，在网络的早期，流式音频和视频是不可能的。

第六节　压缩

压缩是重新组织（有时删除）数字数据以缩小文件大小的过程。实现压缩的方法称为"编解码器（Codec）"。在压缩编解码器方面取得的进步使得通过互联网传送数字内容（尤其是音频和视频）成为可能。

虽然有许多特定类型的压缩编解码器，但它们可以分为两大类：有损压缩和无损压缩。记住二者区别的一个简单方法是只看单词本身：无损（Loss Less）= 压缩完成时没有丢失任何东西。TIFF图像是一种使用无损压缩方法来缩小文件大小的文件格式。该压缩算法在不丢弃任何原始数据的情况下缩小了文件大小。无损压缩的另一个例子是zip文件。当您压缩文件时，您缩小了文件的大小而没有丢失任何数据。

另一方面，有损压缩涉及损坏一些数据以实现文件大小的缩小，从而实现了大幅度压缩。MP3和JPEG文件都使用了有损压缩策略，这解释了为什么它们可以在保持良好质量的同时具有如此小的文件大小。

当您以包含有损方法的格式压缩媒体时，软件必须决定保留哪些信息，哪些信息是冗余的或不明显的，以便实现很高的压缩。第一次尝试的结果并不总是好的。有时您可能会过度压缩一个文件而得到不满意的结果。这就是为什么保留原始的未压缩文件是很重要的，这样您就可以打开它们并导出另一个压缩版本的文件。

最常见的压缩音频文件类型是 MP3 文件格式，因为它能够在显著缩小文件大小的同时保持原始声音的大部分完整性。将 WAV 文件转换为 MP3 文件可以实现的压缩量大约是 10:1。例如，30 MB 的 WAV 文件可以保存为 3 MB 的 MP3 文件。20 世纪 90 年代初，MP3 格式的发明开创了音乐下载的时代，人们可以翻录 CD，在 iPod 上保存成千上万首歌曲。MP3 格式在当时是革命性的，因为互联网上的传输速度仍然很慢，但由于其极端的压缩，MP3 文件可以在几分钟内下载。

数字视频甚至比图像或音频更复杂，这就解释了为什么会有这么多可用的视频压缩编解码器，并且不断有新的编解码器推出。根据您要压缩的视频类型，一种编解码器可能比另一种编解码器达到更好效果。视频编辑人员应该熟悉许多常见的编解码器，并了解哪些编解码器最适合压缩不同类型的素材。

第七节　基于描述与基于指令的媒体编码

最常用的被压缩的文件类型，作为所表示的媒体的描述，保存在计算机中。基于描述（Description-based）的文件是组成媒体的离散元素的详细表示。例如，JPEG 图像被编码为一个描述，因为计算机逐个像素地保存了文件信息。音频文件，如 WAV、MP3 和 AIFF 文件都保存为描述。压缩可以通过汇总和删除部分描述来实现。

然而，并不是所有的数字媒体文件都保存为描述；一些数字文件被保存为指令。基于指令（Command-based）的文件只是计算机生成媒体所遵循的一组指令。保存为一组指令的数字媒体文件的一个例子是基于矢量的图像。当程序打开文件时，它读取并解释指令，然后重新生成图像。因此，基于矢量的图像无论大小看起来都清晰明了。编码为一组指令的唯一音频格式是 MIDI 文件。MIDI 格式就像一个乐谱，而不是对声音本身的描述。要播放 MIDI 文件，MIDI 软件必须解释 MIDI 指令，并实时再现声音。

基于描述和基于指令的媒体各有利弊。作为描述保存的图形可以最接近地表示自然场景，并支持非常详细的编辑。作为一组指令保存的图形永远不会有自然的外观或感觉，因为它们是以数学方式生成的，但文件大小通常较小，并且可以在没有任何失真或质量损失的情况下缩放。类似的利弊也适用于音频文件。如果您想录制自然的声音，它将不得不以描述的形式保存。但是，如果您正在作曲，并且想要编辑音符或将不同的乐器应用于这些音符，则信息必须保存为一组指令。

在下面的示例中，左边是基于像素的圆圈（基于描述的媒体），右边是矢量版本（基于指令的媒体）。左边圆圈边缘的像素很明显，使它看起来模糊，但右边圆圈的边缘看起来清晰明了。这是因为右边的圆圈是根据指令集以任意大小重新生成的。我们可以放大到任何我们想要的程度，它永远看起来都清晰明了。像绿色圆圈这样的简单形状非常适合在基于矢量的绘图工具（如 Adobe Illustrator）中制作，因为这是一种看起来不真实的图形，并且可以很容易地保存为数学公式。Logo 通常是在基于矢量的绘图程序中制作的，因为它们可以以任何尺寸复制，并保持原有的质量。

基于像素的图像
（描述型）

基于矢量的图像
（指令型）

图 4-5　在 Photoshop 中创建并栅格化的圆圈（左图），
　　　　当它被放大，边缘看起来像素化和模糊

第八节　屏幕上的颜色

混合颜料与混合光

在幼儿园，我们学习三原色：红色、黄色和蓝色，以及我们可以通过混合它们而得到的颜色：紫色、绿色和橙色。打印机产生颜色的方法有些类似。然而，打印机从四种打印颜料中产生颜色：青色、品红色、黄色和黑色。

当打印机把墨水放在纸上时，它是在页面上添加颜料。这些颜料吸收纸张反射的光。例如，青色墨水吸收红色，留下绿光和蓝光进行反射。如果所有的颜料等量混合在一起，所有的光都会被吸收，剩下的就是黑色。但是由于墨水并不完美，而且青色、品红色和黄色混合的结果是棕色多于黑色，所以使用黑色颜料来获得纯黑色。混合颜料产生颜色的过程称为"减色"过程。

您的电脑屏幕以完全不同的方式产生颜色。计算机屏幕上的颜色是由不同颜色的光（红、绿、蓝）混合而成的。通过改变屏幕上每个像素的红色、绿色和蓝色光的亮度，计算机能够产生非常大的光谱。如果您混合最大亮度的红光、绿光和蓝光，您会得到白光。通过混合光线产生颜色被称为"加色"过程。

彩图 2 显示了混合光线（加色）与混合颜料（减色）的区别。

彩图 3 显示了可见光谱（我们眼睛可以看到的每种颜色）以分别由打印机（CMYK 颜色）和电脑屏幕（RGB 颜色）能够重现的颜色子集。您可以看到，这两种颜色混合系统都可以产生许多不同的颜色，但仍然不能产生出可见光谱中的每一种颜色。

由于打印机和显示器产生的颜色不同，当您的最终格式是打印时，在计算机上进行设计可能会很有挑战性。作为设计师，您必须小心不要选择在屏幕上可见但不能用四种印刷油墨再现的颜色（通常是高度饱和的）。这些不可打印的颜色称为"超出色域（Out of Gamut）"。Adobe Photoshop 和 Illustrator 等软件程序提供色域警告，让您知道您在屏幕上混合的颜色将无法用印刷油墨重现出来。如果您忽略色域警告并在设计中包含大量超出色域的颜色，那么印刷品在色域外的区域看起来非常平，因为打印机必须简单地用色域内最接近的颜色进行替换。

图 4-6　当选择的颜色"超出色域"时，Photoshop 会提供色域警告（圆圈内的惊叹号）

　　Photoshop 颜色选择器中色域警告下方的警告是网页安全色（Web Safe Color）警告。单击此按钮将跳转到最接近的网页安全色。虽然这仍然是 Photoshop 中的一个功能，但它不再与交互设计师相关。在 20 世纪 90 年代，当大多数人使用 8 位彩色显示器时，为了帮助 Web 设计人员选择在不同平台和浏览器上看起来最一致的颜色，在各种 Web 浏览器上都能使用的标准调色板被创建出来。选择这一组具有 216 种颜色的"网页安全色"是因为它少于 8 位显示器可以再现的 256 种颜色，将红、绿和蓝三色亮度划分为 6 个相等的间隔（6×6×6= 216），并留出一些额外的颜色供计算机自己使用。毋庸讳言，现在的显示器已经变得越来越好，网页安全色已经成为遥远的记忆。

RGB 颜色

因为交互式数字媒体是基于屏幕的，所以在创建图形或在代码中指定颜色时，RGB 颜色是指定颜色的标准方法。在 Photoshop 中，对于为基于屏幕的媒体设计的图像，您将始终选择 RGB 颜色模式。而且当您编写网页代码时，您将指定您想要使用的颜色的 RGB 值。

指定 RGB 颜色的方式是通过十六进制代码：由六个字符组成的字符串，指定构成所需颜色所用的红、绿和蓝三色光的亮度。十六进制代码中的每个字符都是以 16 为基数的数字。

为了理解十六进制的含义，考虑一下我们常用的十进制数字系统。十进制数字由 10 个不同的数字组成：0、1、2、3、4、5、6、7、8 和 9。一个基数为 16 的数字使用同样的 10 个数字，但还需要 6 个不同的字符来编码 16 种可能性：从 0 到 9，然后是 A、B、C、D、E 和 F。因为每个字符代表 16 种可能性中的一种，所以一对基数为 16 的数字可以代表 256 种可能性。在十六进制（hex）代码中，每对以 16 为基数的数字代表每种光（红、绿、蓝）的亮度，00 表示没有光，FF 表示最亮。因为每对可以有 256 种可能性，当三对组合在一起时，可以描述超过 1600 万种不同的颜色。

要了解十六进制代码与颜色的对应关系，请看下面的一些例子（见彩图4）。注意黑色的十六进制代码全是 0，这有点违反直觉。但是，如果您记得 RGB 颜色是加色的，属于光，这便说得通了，因为黑色是没有光的。相反，如果您打开最大红光、最大蓝光和最大绿光，您将得到白色，这就是为什么白色的十六进制代码是最大的十六进制值 FFFFFF。

像 Photoshop 和 Illustrator 这样的图形应用程序会告诉您任何颜色对应的

十六进制代码。在下面的例子中，您可以看到如何在 CSS 代码中输入这些代码来指定基于 Web 的应用程序的背景颜色。请注意，描述颜色的语法是井字符（#），然后是十六进制代码。

图 4-7　Adobe Photoshop 显示每种颜色的十六进制代码

```
body {
    line-height:1.4;
    background-color:#c8d321;
    font-family: "Arimo","Arial",sans-serif;
    font-size:.9em;
}
```

图 4-8　CSS 文档中以十六进制格式指定的背景颜色示例

专业人士访谈

克里斯·考克斯（Chris Cox）

美国加利福尼亚州 Adobe Systems 公司前 Photoshop 高级计算机科学家

克里斯·考克斯从 1996 年到 2016 年担任 Adobe Photoshop 团队的高级计算机科学家，在这 20 年的时间里，他在开发该程序方面发挥了重要作用。他拥有几项与这项工作相关的专利。

他在 2010 年入选 Adobe Photoshop 名人堂。

您是如何在 Adobe 找到工作的，您的职业生涯是如何发展的？

在我上大学期间，Photoshop 被推了出来。我用美国在线（America Online，AOL）提供的开发者工具包为它编写了很多插件。当我离开大学时，我一直在学习物理，但基本上没有人招聘物理专业的人，所以我转向图形程序设计，最终在一家开发 Photoshop 加速卡的公司找到工作。在那里，我和 Photoshop 团队一起工作了大约一年半。当那家公司开始裁员时，我联系了 Adobe。他们说："您多久能到这里？"

当我开始在 Adobe 工作时，Photoshop 程序有很多缺陷和问题，所以最初几年，我主要关注性能问题。随着时间的推移，我开始编写更多的功能。当新的处理器出来时，我必须优化该程序，使它尽可能快地运行。

为什么从事 Photoshop 工作对您有吸引力？

我有一些摄影方面的背景，在学校为年鉴和报纸工作，也有一点艺术背景，所以 Photoshop 的想法吸引了我，不仅仅是画东西，而是接受图像并操纵它们。我编写的很多插件都是为了从一台超级计算机上获取一幅图像，把它放到桌面系统上，并将它转换成桌面可以使用的东西。那时每个人都有专有的图像格式，没有标准。

那么，您是哪一年加入 Adobe 的，那时候是什么样的?

我在 1996 年加入了 Photoshop 团队。那个时候，Photoshop 更多的是专业人士的工具。这不是一个普通人的事情，因为没有简单的方法将照片转换成数字形式。在当时，这是一个昂贵的过程。此外，台式打印机很贵，数码相机也已经出现了，如果您有十万美元可以花的话。

然后，数码相机、扫描仪和打印机变得更便宜，万维网开始兴起，使人们更容易分享他们的图像。因此，这是一个有趣的时代。从 Adobe Photoshop 开始，看着它成长并最终滚雪球般成为流行文化。前几天我听到有人说："Photoshop，您是说人们对他们的照片做了什么？"我在想："（他说的 Photoshop，即 PS）不是指程序。"它变成了一个动词。

当 Web 出现的时候，您有没有感到压力，要改变 Photoshop 使它对 Web 开发者更有用?

是的。我们是从一个为 Web 图像设计的辅助程序（Adobe ImageReady）开始的。然而，随着 Web 变得越来越流行，我们不得不将其功能放入 Photoshop 中，而不仅仅是作为一个单独的程序。因此，我们改进了读写 Web 格式图像插件的质量，并为 Photoshop 添加了一些 Web 特定的功能，其中一些功能很受欢迎，一些功能则是技术上的死胡同。

您说的技术上的死胡同是什么意思？切片？

没错。您知道，它仍然在那里，它仍然有一些用途，有些人确实在使用它。对 Web 设计人员来说，这曾经是一件大事，但后来被许多更好的东西所覆盖，并被遗忘。CSS 改变了很多事情。HTML 的发展改变了很多事情。但是我们无从得知。有些我们做对了，有些就没那么对。

Photoshop 中的切片工具允许您将图像分成更小的部分，然后像拼图一样重新组合在一起。在谷歌字体被广泛使用、导航栏由包含文本的图片组成之前，这是很有用的。您应该把您的导航栏布置成一个大的图像，而不是把它分割成代表每个菜单元素的单独的图像。当表格用于 Web 页面布局，并且图像用于强制区域具有一定宽度时，切片工具也很有用。

您遇到的最大的性能挑战是什么？每个人过去都说 Photoshop 在 Mac 上比在 PC 上运行得好得多，但这有多少真实性呢？

是的，这话有一些道理。苹果推出了相当优化的硬件。但是在 Windows 世界，您有一个组合。有些系统是好的；有些系统则很糟糕。一些个人电脑制造商为了降低成本而偷工减料，导致个人电脑的性能变慢。Mac 上的编译器比 Windows 编译器稍微领先一点。而且，对于 Mac，您的优化目标是少数几个型号，但对于 Windows，您的目标是数百种不同的主板和配置。我们必须努力让 Photoshop 对每个人来说都很快，但这是有限度的，有些事情超出了我们的控制。

在您开发和使用 Photoshop 的过程中，最大的挑战是什么？

Windows 或苹果总是改变他们的 API，我们必须适应这一点。有很多会令程序崩溃的缺陷，我们应该在发货前就发现，但不知何故却漏掉了。但之后我们会设法拿到这些崩溃报告，尽快处理最重要的问题。

有没有一些您做了很多工作却没有像您预期的那样被经常使用的功能？

有一些功能，有些人理解，也有很多人理解不了。一个很好的例子是通道混合器。如果您像在黑暗的房间里混合化学物质一样思考，它的工作方式是显而易见的。但对很多人来说，这一点也不明显。最初，我是为那些在暗房里认真工作的人编写程序的，他们明白。但后来我开始阅读书籍和其他关于通道混合器的教程，并且发现许多人不明白。

有些东西，即使您认为没人用，但还是有人用。一个很好的例子就是我们取消了亮度和对比度命令的快捷方式。这种快捷方式是被随意分配的，所有的老师都说："不要用这个命令，太可怕了，这是破坏性的。"所以，我们取消了这个快捷键，把它重新分配给其他更有意义的事情。此后不久，整个漫画行业都在抱怨。他们有围绕亮度和对比度命令构建的工作流。他们会画一些纯色的东西，在里面做一个选择，然后使用亮度和对比度命令让它变亮或变暗。没有快捷键，他们的工作会慢很多。幸运的是，我们已经在考虑如何让键盘快捷键可定制，所以我们快速修改了程度，让他们可以根据需要自行设置快捷键。但是在那之前，我们不知道有人在用 Photoshop 制作漫画书。

有没有使用 Photoshop 的其他不寻常的行业让您大吃一惊？

有，而且很多。一个是国防工业。在他们试图向国会推销武器（如激光武器）之前，他们用 Photoshop 来增强他们的照片。他们有一张飞机（发射激光）的图片和一张坦克爆炸起火的图片，但激光是红外线的，是不可见的。因此，为向国会议员展示，他们（使用 Photoshop）将激光绘制出来，以更理解。

此外，纺织行业的人们采取一些特殊步骤为提花织机准备需要编织的图案。由于编织时必须偶尔让纱线重叠，以使织物结实，所以，他们创建了一个为提花织机准备图案的过程，以便编织出由不同颜色线组成的不同混并织物，并使其保持坚固。

制作皮克斯（Pixar）电影的 3D 美术师不得不绘制纹理贴图以便用在这些模型上。这在 3D 软件里是做不到的。他们在 Photoshop 中绘图，但随后他们不得不使用 3D 软件渲染将 2D 纹理贴在 3D 物体上的结果图像。我们必须想出如何帮助他们加快工作流程。

学习这些不同的行业、工作流程和技术，并努力让它们都工作得很好，这很有趣。

从您在 Adobe 从事 Photoshop 工作的时候起，您有什么高光时刻吗？

当 Photoshop 被开发时，它是针对 16 位图像坐标编程的，一个图像的高度和宽度都不能大于 30,000 像素。这在当时是巨大的。几年后，人们开始制造这些可以采集高达 120,000 像素大小的扫描相机，他们希望在 Photoshop 中使用它们。我花了大约 6 个月的时间编写硬编码，做了大量的工作，甚至我的应用分支大部分时间都没编译，以便使用所有的数学来正确处理更大的坐标。它最终都实现了。现在甚至没有人去想它了。这只是工作。他们制作巨大的图像，如果他们偶尔想超过 300,000 像素的限制，代码就能对其进行处理。

看到人们用那种方式使用 Photoshop，并且知道是您开发了它，这一定很令人满意。

是的，尤其是看到漫画书产业的发展和使用更现代的技术。通过给他们更多一点的控制，他们能够工作得更快，并保持同样的质量水平。Photoshop 刚开始的时候，每天的连环画几乎都是手工绘制和涂墨的。现在，几乎所有人都直接在 Photoshop 中画画、着墨和上色。这是一个有趣的变化。不幸的是，这意味着他们中的许多人不再拥有漫画的原版来出售了。

几年前，我遇到一位著名的喷枪艺术家，他已经不再使用真正的喷枪了。他用 Photoshop 做所有的事情，他说这样更快、更有效率，对他来说也更健康。他再也不想回到过去了。现在没有烟雾，没有擤鼻涕，就能得到多彩的结果。这是我从小到大一直崇拜的一个人。我在杂志上看到了他的插图，并渴望像他一样伟大。我现在明白了，我们完全改变了这个行业。

这不是一个讽刺的转折吗？

算是吧。

讨论问题

（1）您认为为什么有些人收藏甚至喜欢模拟媒体的形式？

（2）您有将模拟媒体转换为数字形式的经验吗？如果有，您是怎么做到的，做了哪些折中？您会做什么不同的事情吗？

（3）您是否以某种格式创建了媒体或将媒体存储在现在无法访问或无法使用的过时媒体上？为了防止这种情况发生，您会采取什么不同的措施？

（4）如果媒体不再以数字形式出现，您的生活会有什么不同？

（5）十六进制颜色系统有哪些优点？

第五章

媒体内容

内容是交互式体验中的"肉",有多种不同的形式:图形、动画、音频、视频和文本。在处理每种形式时,了解最佳实践是很有帮助的,因为您可能需要自己制作内容,或者与该领域的专家交流。

第一节 图形

不同类型的图形:按钮、图表、图解、照片和插图都是任何交互式体验中的预期组成部分。图形在规划过程中也起着很大的作用,因为必须创建线框图和程序框图来解释应用程序的外观和工作方式。熟练使用图形应用程序,了解适当的文件格式,并能够将良好的设计原则应用到这些图形的创建中,这些都是有用的技能。

两种不同类型的计算机图形分别是基于像素(Pixel-based)的图像(通常称为光栅或位图图像)和基于矢量(Vector-based)的图像。基于像素的图像由带有颜色的小方块(称为像素)组成,在 Adobe Photoshop 等图像编辑应用程序中创建和编辑。基于矢量的图像保存为数学方程,并在绘图程序中创建和编辑,如 Adobe Illustrator。

第二节　基于像素的图像

它们是什么

像素（Pixel）是"图像元素（Picture Element）"的简称：一个只有一种颜色的方点。如果放大基于像素的图像，最终可以看到组成图像的各个像素。然而，从远处看，您看不到每一个像素；颜色看起来是连续的。

位图图像有优点也有缺点。一个主要的优势是微小的像素允许您创建照片般真实的表现。当以适当的格式（JPEG、GIF 或 PNG）保存时，基于像素的图像也可以容易地在 Web 浏览器中显示。

基于像素的图像的一个缺点是文件会变得很大。而且，每个位图图像都有有限数量的像素，所以如果您将位图图像过分放大，您将会失去照片真实感，因为单个像素变得很明显。

图 5-1　每个位图图像都由像素组成

图 5-2 每个位图图像都有有限数量的像素，这在图像编辑程序中可以显示出来

分辨率和位深度

使用基于像素的图形时，了解分辨率以及分辨率是否适合预期的最终用途非常重要。图像程序（如 Photoshop）会告诉您正在编辑的图像分辨率。

在 Photoshop 的截屏中，您可以看到该图像由水平 504 像素和垂直 360 像素组成，因为它是 7×5 英寸，分辨率为每英寸 72 像素。

- 7×72=504 像素（宽度）
- 5×72=360 像素（高度）
- 504×360=181,440（总像素数）

在前一章中，您了解到，一方面，交互式媒体应用程序中使用的图像通常为 72dpi 或 96dpi，以符合屏幕分辨率；另一方面，打印机能够以更高的分辨率生成图像，因此为打印而设计的图像应该以更高的分辨率（通常为 300dpi）采集和保存。将高分辨率图像整合到交互式体验中会不必要地降低响应速度。

降低位图图像分辨率的常见做法是下采样（Downsampling）。采集比您需要的更多的像素总是更好的，因为拥有过多的像素可以让您灵活地裁剪图像的某个区域，并且在生成的图像中仍有足够的分辨率以供您最终使用。与下采样相反的是上采样（Upsampling）。上采样是向位图图像添加更多像素的过程。从来没有一个好的理由来进行上采样，因为即使软件使用最好的算法来猜测这些像素应该是什么，最终的图像也可能看起来模糊不清。

图像分辨率不是影响图像质量的唯一因素。在前一章中，您还学习了位深度：图像中每个像素可能的位数。降低图像的位深度是缩小文件大小的一种方法。GIF 格式是允许您这样做的一种图像格式。如果图像只包含几种颜色，如在卡通或 Logo 中，这种类型的压缩效果很好，因为只需要几个比特就可以描述所有的颜色。

它们是如何制作的

有许多方法可以创建数字图像。公司可以使用数码相机甚至智能手机来拍摄自己的产品照片，这项任务曾经外包给服务机构的专业人员。（大型电商平台 Etsy 商品图片的建议图像尺寸为 1000×1000 像素，分辨率为 72 dpi。iPhone X 可以捕捉高达 4000×3000 像素的图像。）要拍出成功的产品照片，关键是要有好的灯光和干净的背景。

扫描仪是将印刷图像转换为数字格式的重要工具。有些甚至有额外硬件，允许您扫描幻灯片和底片。扫描仪在扫描照片以外的物品时也很有用。我通过扫描像蔬菜片和织物这样的物体创造了奇怪的纹理和效果。

在 Photoshop 等程序中，通过运行一系列命令，可以将逼真的纹理和不寻常的效果生成为位图图像。例如，如果您想创建一个看起来像木纹的位图图像，您可以通过应用不同的滤镜、反转颜色并进行一些调整来实现。一些书籍和视频展示了这些技术，这对于想要为 3D 对象创建特定纹理的 3D 美术师来说非常有用。

有时候，您在一个项目中需要的照片并不容易得到。比方说，您需要一个看起来健康、面带微笑的孩子的图像，用于您正在构造的界面设计，并且有一个非常紧的截止日期。幸运的是，免版税的图片网站提供这些类型的图片，每张图片的费用很低，甚至是免费的。这类网站如 istockphoto.com 或者 unsplash.com。要注意图片的使用条款。

图 5-3　在 Photoshop 中创建的木纹纹理

屏幕截图是获取数字图像的另一种方式，这对于在计算机屏幕上显示某些东西是绝对必要的。您可以使用专门软件或内置的快捷键来截取屏幕图像。在个人电脑上，只需按下键盘上的"打印屏幕"按钮，屏幕上的图像就会保存在剪贴板上（一个临时存储缓冲区，供您粘贴）。Mac 上的相应功能可以通过 Command + Shift + 4 组合键来执行。

文件格式

基于像素的图像可以保存为多种文件格式，每种格式有不同的优缺点。

• PSD 文件是 Photoshop 的原始格式，保留了可编辑的图层和效果。

• TIFF 文件是一种常见的（主要用于打印）无损压缩图像格式，可以在除 Photoshop 之外的软件中打开。

• JPEG 是最流行的图像格式，因为大多数数码相机自动创建 JPEG，并且它们使用有损压缩，这意味着文件很小。JPEG 也可以在 Web 浏览器中直接查看。

• GIF 文件也可以在 Web 浏览器中查看。但是，与 JPEG 不同，它们提供了透明度，这意味着图像的一部分可以是不可见的，允许背景显示出来。GIF 也支持动画（没有声音），但是只能以 8 位颜色保存（最多 256 色）。

• PNG 文件也经常在网上使用。像 GIF 一样，它们支持透明性，但没有位深度限制。它们不同于 JPEG，因为它们使用无损压缩。PNG 永远不会在印刷品中使用，因为它们不支持 CMYK 颜色。

软件

Adobe Photoshop 是领先的基于像素的图像编辑程序，大多出现在经常进行图像编辑的专业环境中。然而，有一些替代方案。例如，GIMP 是一个免费的开源程序，很像 Photoshop。还有一些基于 Web 的工具，甚至是应用程序，允许您创建和操作位图图像。

图 5-4　GIMP：免费的开源图像处理软件

第三节　基于矢量的图像

它们是什么

矢量图形由矢量组成，矢量是具有长度、曲率和方向的线。创建矢量图形的程序被称为绘图或插图程序，行业领导者是 Adobe Illustrator。

技术细节

像 Adobe Illustrator 这样基于矢量的绘图程序中有许多不同的绘图工具。星形、椭圆形和矩形便于创建不同类型的形状。画笔、铅笔和线条工具允许您创建不同类型的线条。钢笔工具有助于创建贝塞尔曲线，贝塞尔曲线是由锚点（可以是曲线或拐角）和手柄控制的形状。

尽管需要练习才能掌握，贝塞尔曲线允许您非常精确地控制您正在画的形状类型。Adobe Illustrator 中的编辑工具允许您操作矢量线和形状，而不管您使用什么工具创建它们，并且您可以将不同的笔画和填充应用到您绘制的线条和形状上。

图 5-5　应用了不同描边和填充的相同形状

在基于矢量的绘图程序中，可以用布尔运算创建更复杂的形状。例如，您可以通过对重叠的矩形和椭圆形进行并集来制作一个子弹形状。其他布尔运算包括从一个形状中减去另一个形状，或者得到两个形状的交集或非交集部分。

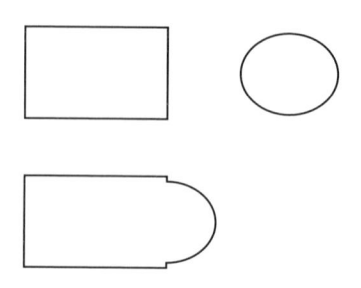

图 5-6　长方形和椭圆形的并集生成子弹形状

基于矢量的图形有许多优点和缺点。一个优点是矢量图形在任何尺寸下看起来都很清晰，因为它们只是一组重新生成图形的指令。因为它们被保存为指令，所以文件大小比类似的位图图形要小得多。然而，矢量图形的性质使它们不适合表现照片般逼真的效果；它们往往有一个固有的卡通外观。

虽然早期的 Web 浏览器只能显示基于像素的图像，但现在，以 SVG 格式保存的矢量图形可以在浏览器中显示。对于 Web 开发人员来说，这是一个令人兴奋的发展，因为尽管他们的文件大小往往很小，但他们的图形效果却非常强大。

矢量到位图和位图到矢量的转换

将基于矢量的图像转换成位图非常简单，但反过来就不那么容易了。当把矢量图形转换成位图时，您只是要求软件用矢量图形的颜色生成像素。Adobe Illustrator 让这变得很容易；您可以简单地选择"导出为位图"并指定您需要的分辨率和格式。但是，请记住，一旦您将基于矢量的图形转换为位图，它将不再能缩放，并且不能在所有尺寸下都看起来清晰。

将位图图形转换为基于矢量的图形并不简单，因为任何照片级的真实感图像都不适合用矢量来描述。也就是说，有一些位图图形（例如具有大面积纯色的图形）可以很好地转换。为此，您可以将位图放入 Adobe Illustrator 中，并使用自动描摹（Auto Trace）工具来检测像素中对比度最大的区域，以确定矢量形状的位置。生成的矢量形状的质量取决于您使用的位图类型以及您对该工具所做的设置。

图 5-7　左边的图像是位图图像，我导入 Adobe Illustrator 中，并使用自动描摹工具将其转换为矢量。由于此图像包含较大的色块，因此适合转换为矢量形状。转换后，我能够选择眼睛作为一个矢量形状，并将其改为其他颜色

文件格式

基于矢量的文件没有位图图形那么多常见的文件格式。

• AI 是原始的 Adobe Illustrator 文件格式，在 Adobe Illustrator 之外的用途非常有限。

• EPS 是一种基于矢量的通用文件格式，更容易导入其他程序中。

• PDF 文件由 Adobe 开发，是一种独立于软件的基于矢量的格式，可以保留页面布局信息。这种格式现在是开放源代码的。由于现在几乎任何人都可以打开 PDF 文件，因此对于需要下载或打印的具有设计好布局的文件来说，PDF 文件是一个很好的选择。

• SVG 文件是唯一可以在 Web 浏览器中查看的矢量图形格式。它们也更容易导入其他软件中。

第四节　2D 动画

看过动画片的人都熟悉 2D 动画。然而，交互式媒体中使用的 2D 动画

类型并不总是角色驱动的。它可以是隐性的，也可以是戏剧性的，服务于各种不同的目的。

用在哪里

第一种可以在网上看到的 2D 动画是 GIF 动画：一系列连续播放的 8 位位图图像。动画 GIF 不支持声音，但是它们可以是循环的或非循环的，并且每个图像之间的时间间隔可以不同。因为它们是 GIF，所以动画中每个图像的部分可以是透明的。动画 GIF 在 Web 早期非常流行，因为它们是 Web 浏览器中唯一支持的动画图形类型。它们现在更多地被用作新奇的东西，比如用于迷因（meme），因为它们容易制作，而且文件小，适合分享。

由于 Macromedia 的 Flash 软件，基于 2D 矢量的动画在 2000 年代初在 Web 上爆发。这是一个当时流行的交互式创作程序，因为它允许开发人员轻松地将动画和声音集成到交互式体验中，可以通过安装适当插件的 Web 浏览器观看。因为它是基于矢量的，所以文件很小，加载很快。许多 Flash 网站充分利用了它的动画功能，制作出让您目眩的网站。

完全用 Flash 制作的网站大多已经消失，原因是移动浏览器缺乏插件支持，而且它们对于搜索引擎优化来说很糟糕。Flash 的消亡减少了二维动画在 Web 上的过度使用，并使其更加细微和更具功能性。您点击一个菜单项，新的内容就顺利地滑了进来。图像旋转木马在一组新的产品中轻轻旋转，供您查看。动画图形经常被用作网站主页的背景，为 Web 页面注入电影般的活力。动画也常用于 Web 和 App 广告中，以将人们的注意力从内容本身转移开，并鼓励用户点击。10—15 年前，这种类型的动画可能是在 Flash 中制作的，但是现在可以使用 JavaScript 和 HTML 5 以编程方式创建。

2D 角色动画并没有完全从交互式数字媒体中消失。许多休闲游戏包含动画角色和背景。如果没有这只生气勃勃、咆哮、眨眼、活蹦乱跳的红色愤怒小鸟，《愤怒的小鸟》会是什么样子？动画化身通常被整合到培训应用中，作为友好的向导。

它是如何制作的

传统动画技术是许多二维动画程序的基础。例如，许多动画程序允许动画师在绘制当前帧时看到前一帧，这类似于传统的动画师在使用看片台时在前一帧上进行绘制。动画程序也包含了层，其操作方式像传统动画中的纤维素一样。纤维素（简写 Cel）是一种透明胶片，动画师在上面画角色，允许背景图像透过它显示出来。如果背景在动画序列中保持一致，动画制作者就不必为每一帧重新创建背景。

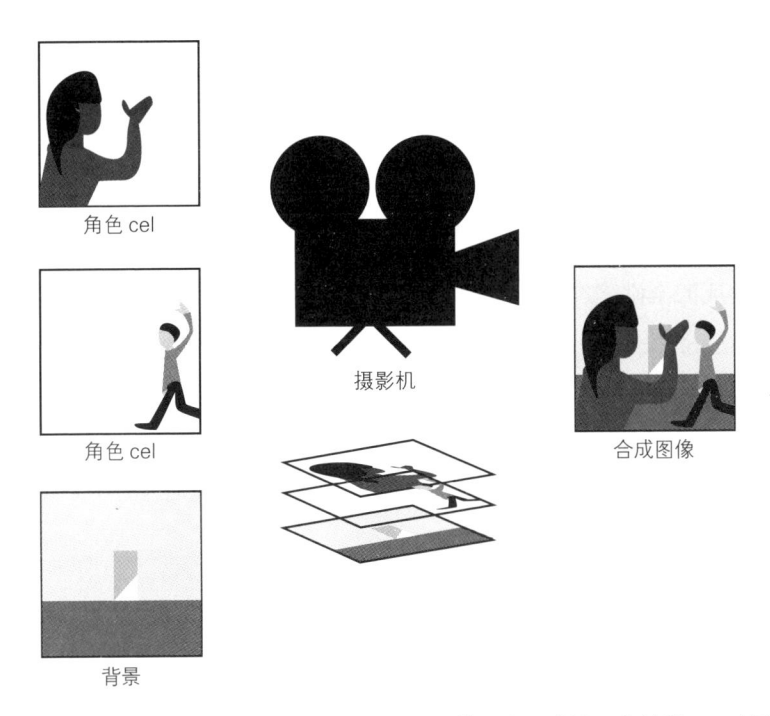

图 5-8　2D 动画软件允许您把物体放在不同的层上，类似于传统的 cel 动画

传统的动画师会在头顶上安装一台摄影机，拍摄一系列的图画。当动画被直接拍摄到胶片上时，动画师通常会"一拍二"，这意味着每幅画将被拍摄两次，因此一秒钟只需要 12 幅画（由于标准电影帧速率为每秒 24 帧），从而节省了动画师的大量工作。既然图像序列可以导入视频编辑程序中，那

么一旦序列被导入编辑程序中，就可以决定每个图像显示的时间长度。

软件

几乎每个创作应用程序和游戏引擎中都可以创建 2D 动画。在许多情况下，动画是嵌入应用程序中的。以下程序允许创建和导出独立的 2D 动画。

• Adobe Edge Animate 是 Macromedia/Adobe Flash 的最新化身。更名旨在将该程序从 Flash SWF 格式中分离出来，Flash SWF 格式在移动浏览器中不再受支持。Edge Animate 拥有一套如此强大的动画工具，它甚至被用来制作流行的电视卡通。在 Edge Animate 中制作的内容可以用 JavaScript/HTML 导出，以便在 Web 浏览器中显示。

• 基于 Web 的 HTML/JavaScript 动画程序，包括 TinyAnim 和 HTML 5 Maker，允许您创建可在 Web 浏览器中显示的动画内容。

• Adobe After Effects 是一个具有 2D 动画功能的视频合成工具。因为它是视频合成的基础，After Effects 动画内容通常导出为视频文件。

• Harmony by Toon Boom 是一个 2D 动画软件，广泛用于角色驱动的动画系列，但通常是作为视频文件导出。

• Adobe Photoshop（和许多其他廉价的替代软件）允许您创建 2D 动画 GIF。

文件格式

• SWF 文件曾经通常从 Flash 导出并放到网站中。SWF 已经很少使用了，因为它们需要一个浏览器插件，而移动浏览器不再支持这个插件。

• MOV 和 MP4 是动画经常导出的两种数字视频格式，使其适用于标准的数字视频编辑和分发。

• GIF 是动画 GIF 文件的格式。

• HTML 5/JavaScript 现在是将动画内容整合到基于 Web 的体验中最常见的方式。

第五节　3D 图形和动画

3D 对象、图形、环境和动画在电子游戏、虚拟现实和增强现实的体验中起着重要作用。当您构建 3D 对象时，您的对象不仅在 X-Y 平面上，还延伸到 Z 轴上。

用在哪里

当您想到 3D 时，也许您会想到 3D 动画电影。虽然这是 3D 软件的常见用途，并且 3D 动画内容或 3D 静态图像的部分可以集成到交互式应用中，但这些只是图像和视频文件。

3D 环境是空间中三维纹理对象的集合。当您构建交互式 3D 体验时，您需要导入对象的整个场景，因为用户交互需要计算机动态渲染图像。过于复杂的模型将花费一段时间来渲染并降低体验，因此 3D 美术师必须尽可能地简化模型。

它是如何制作的

3D 制作过程有四个不同的阶段，所有这些都可以在一个 3D 动画程序中完成。

1. 建模三维形状

建模是具体指定 3D 对象的表面，有许多不同的方法。有些对象非常适合用几何对象或它们的组合来建模。例如，垃圾桶可以通过结合圆柱体和球体进行建模。多边形建模允许您向不同方向拉动多边形，以生成更复杂的形状。样条建模有助于表面的拉伸。圆球建模用于将水滴融合到一起。用于制作 3D 模型的技术或技术组合，应该由对象的特性决定。

"采集" 3D 表面的一种方法是使用 3D 扫描仪。3D 扫描仪检测空间中物理对象的 3D 坐标，并基于所采集的数据生成模型。当对象本质上是有机的并且不能容易地用软件提供的技术进行建模时，3D 扫描仪对于模型开发是有用的。

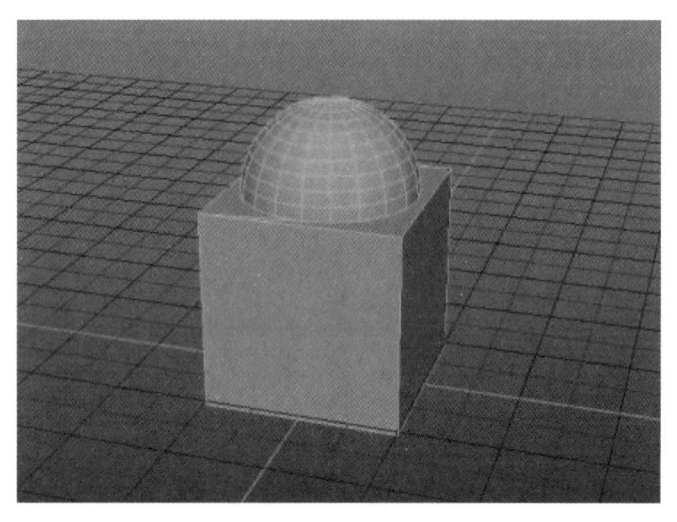

图 5-9 使用 3D 基本形状进行建模是构建更复杂对象的简单方法

图 5-10 我们用 3D 扫描仪捕捉了我头部的表面

2. 表面定义

定义表面意味着指定 3D 对象的外观。您可以为对象选择内建颜色和纹理，或者在对象周围"包裹"位图图像。旨在模拟真实纹理的图像通常作为表面贴图，用于创建看起来真实的对象。

3. 场景合成

场景合成就像创建一个立体模型，因为您是在一个环境中定位三维对象、灯光和摄像机。如果最终用途是电子游戏或虚拟现实体验，流程就到此结束；美术师导出 3D 文件并将其导入游戏引擎。

4. 最终渲染

如果 3D 项目的最终格式是单独的图像或视频，则需要渲染。渲染是用放置在场景中的相机拍摄场景的一张或多张照片。如果您正在创建 3D 动画，您将为对象和 / 或相机定义运动路径，并渲染出一系列图像。这些图像会被快速连续播放以生成 3D 动画。

软件

许多应用程序允许您创建 3D 对象、环境、图像和动画。您选择的软件应取决于您需要构建的 3D 对象的类型以及您的最终用途。

• Autodesk Maya 是最知名、最强大、最受欢迎和最昂贵的 3D 建模 / 动画程序。许多最著名的好莱坞 3D 动画电影都是用 Autodesk Maya 制作的。

• Autodesk 3DS Max 是一个 3D 建模 / 动画程序，源自 AutoCAD（一个建筑制图程序）。因此，它的优势在于创建依赖于维度和数值的 3D 模型和动画。

• Blender 是一个由 Blender Foundation 制作的免费的开源 3D 建模 / 动画程序。

3D 文件格式

• OBJ：普遍接受的 3D 格式。

• IFFb：Autodesk Maya 使用的原始格式。

• 3DS：3D Studio 的原始文件格式。

- BLEND：Blender 使用的原始格式。

3D 图形和 3D 动画可以以任何常见的图像或视频格式导出。

第六节　音频

声音是如何产生的

声音是由空气振动产生的。空气以波浪式传播到耳朵。当声波到达耳朵时，它使耳膜和耳朵里的骨头以相同的频率振动。耳朵中的振动向听觉神经发送信号，听觉神经告诉大脑将其解释为声音。

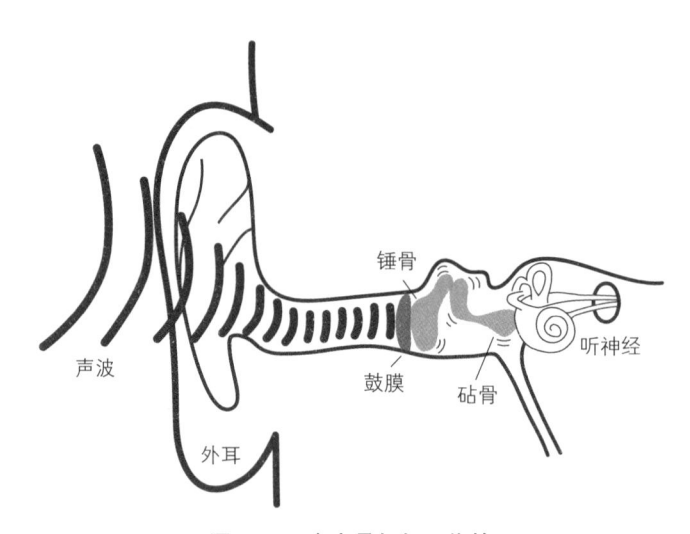

图 5-11　声音是如何工作的

声波的振动速度称为其频率，以赫兹（Hz）为单位。1 Hz 等于每秒一个周期，是声波的一个上下周期。因此，20 Hz 的声音意味着声波每秒上下振荡 20 次。

频率很低的声音和频率很高的声音，人耳是听不到的。因此，发出声音并不一定意味着我们听到了。人类可以听到 20 Hz（低端）到 20,000 Hz（高端）范围内的声音（见彩图 5）。考虑到钢琴的范围是 27.5 Hz 到 4000 Hz，这是一个非常宽的频谱。

声音是如何表示的

大多数声音会随着时间改变频率，可以用波形来表示。波形可以告诉您一些关于声音本身的信息。例如，通过检查图 5-12 中的声波，我会得出这样的结论：这种声音可能是自然界中更有机的东西，而不一定是一段音乐，因为它看起来非常不规则。如果是西方音乐，这种波形会有更一致的高度和更规则的模式，因为西方音乐往往有重复的音乐短语和节拍。

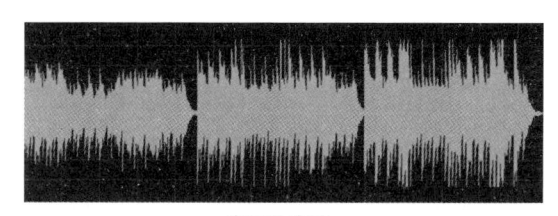

音乐的声波

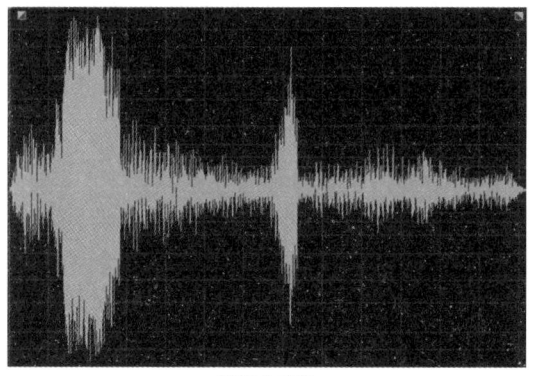

语音的声波

图 5-12　代表语音的声波看起来与代表音乐的声波非常不同

为了"读懂"波形，您需要理解波形告诉您什么。声波捕捉声音的三个特征：音量、音调和持续时间。声音的音量用声波的振幅（或高度）来表示：振幅越高，声音越大。声音的频率（或音调）由您在给定时间内看到的振荡

（起伏）次数来表示。如果您在短时间内看到大量的振动，那声音的频率就会更高（因此音调也会更高）。相反，一段时间内振动越少，音调越低。波形传达最明显的特性是声音的持续时间，也就是波形的长度。

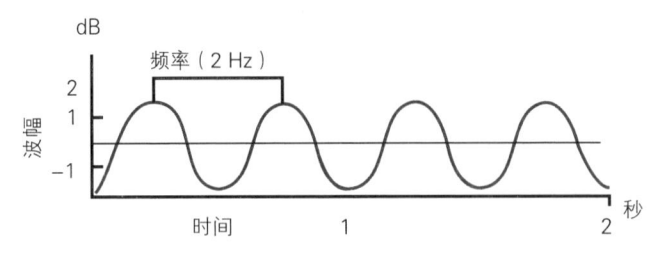

图 5-13　2 Hz 的频率意味着声波在 1 秒钟内有两次重复

图 5-12 中的两个波形有明显的区别。上方的波形代表一段西方音乐，下方的波形代表说话。请注意，上方波形具有更规律的模式，振幅始终一致。但是，第二个波形具有更长的脉冲和变化的振幅。在这两个例子中，都存在波形高度为 0 的时刻，这是寂静的时刻。如果您试图将声音与视觉效果同步，那么对能够识别这些时刻以及声音的其他特征（如音量和音高变化）会很有帮助。

录音

录制声音时，一点额外的准备对获得好的质量大有帮助。使用合适的麦克风，并使其远离电脑，以避免电脑风扇发出的噪声。此外，尽可能消除环境中的噪声，如果可能的话，在墙上悬挂柔软的毯子来减弱噪声。

您还应该花时间调整您的音频电平，即指定可以捕捉的声音的最高电平和最低电平（噪声基线）之间的范围。理想情况下，在录制时，电平应该在绿色范围的高位部分，偶尔达到黄色范围，但不是红色范围。录制声音时，如果声音的电平太接近噪声水平，会导致信噪比很低，嘶嘶声和嗡嗡声很明显。但是，录制超出指定范围的声音会导致削波和失真。被削波的声波的顶部是平的，而不是曲线。

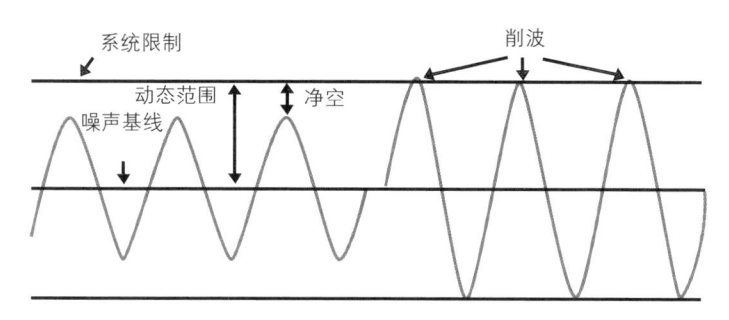

图 5-14　理想的录音电平会包含声波在内。但是如果声波超过采集电平，则会发生削波，导致失真

文件格式

在每个音频编辑程序中，您都可以用几种不同的格式输出声音。每种格式都有不同的优缺点。

• WAV 和 AIFF 是高质量的未压缩音频格式。它们在更高或更低的频率下质量没有下降。AIFF 的质量略高于 WAV。

• MP3 是一种高度压缩的音频格式，非常适合在线音频和流媒体。

音响发烧友很快就指出 MP3 音频格式的局限性。作为一名非音乐家和非音频工程师，大多数 MP3 文件对我来说听起来很棒，但大多数音频专业人士会很快提出异议。因为许多交互式媒体是通过互联网传播的，所以 MP3 的高压缩率受到重视。此外，大量的交互式媒体是通过计算机和手持设备的扬声器来体验的，而这些设备无论如何都不能提供最高质量的听觉体验。

操控声音

当准备声音作为交互式应用程序的一部分时，通常需要进行一些编辑。幸运的是，有许多应用程序允许您这样做。这些程序被称为"数字音频工作站"，可以让您录制、编辑和混合声音。

• 苹果的 GarageBand

• Adobe Audition

• 索尼 Sound Forge Studio

- Avid Pro 工具

除了这些专业级的程序，还有几个免费的在线工具可以让您创建、编辑和混合声音文件，比如 Audacity、Dark Wave Studio 和 Soundation。

即使音频不是您的专业领域，知道如何用这些程序进行一些基本编辑也是对您有帮助的。

- **分割和剪辑**是提取音频轨道部分的方法。当组合不同的音频片段或移除轨道中不需要的声音时，这些是有用的工具。
- **去噪**包括对音频中的嘶嘶声（本身）进行采样，然后将其从音频文件的其余部分中"剔除"。
- **标准化**指当一组音量不同的音频文件在时间线上按顺序排列时，通常会进行标准化。标准化将使音量范围在整个序列中更加一致。
- **时间拉伸**是指减慢或加快声音。
- **频率调整**使音高变高或变低。

交互式数字媒体中的音频

音频在交互式媒体中有多种不同的用途。

- **氛围声音**通常用于营造一种氛围，例如在电子游戏中。
- **音效**有助于强调体验中的重要时刻。音效通常用于电子游戏或虚拟现实体验中，以增加真实感并帮助推动故事发展。
- **听觉反馈**被大量用于功能性交互式媒体应用中，以传达用户的动作已被接收。例如，当您成功解锁 iPhone 时听到的咔嗒声有助于您了解手机已准备就绪。集成听觉反馈可以提高应用程序的可用性。
- **不同类型的音乐**偶尔需要用于交互式媒体应用程序中。例如，一个在线学习应用程序可能会集成一些引导音乐，以表示一个新模块的开始并强化品牌形象。
- **语音**常用于交互式应用。然而，在语音内容对用户理解至关重要的地方，一定要加上标题，因为许多人会关掉他们设备的声音。

在 Web 早期，登录一个网站并播放音乐并不罕见。开发者和网站所有者对在线使用声音感到兴奋，因为它很新颖。然而，最终大多数开发团队了解到用户普遍觉得网站上的声音很烦人，这种趋势就消失了。具有讽刺意味的是，尽管在网站中集成声音变得不那么流行，HTML 中对声音的本地支持却有所改善。在 HTML 5 中，audio 标签允许您加载、播放和暂停声音，以及设置持续时间和音量。

声音和用户体验

声音会对用户的交互式媒体体验产生重大影响。交互式媒体的听觉增强允许"更自然的人机交流"（Bombardieri 等，2003）以提高可用性。

声音也可以用来操控用户。在电子游戏中，"背景音乐改善了叙事体验，可以引导玩家完成游戏"。研究还表明，它对认知控制有影响（Zhang & Fu，2015），并促进用户更深入的参与。例如，研究人员发现，发出更多获胜声音的电子老虎机比没有声音的电子老虎机更受欢迎，前者能同时在"心理上和生理上"激发参与者的兴趣（Dixon 等，2014）。

用 MIDI 作曲

到目前为止，我们讨论的所有类型的数字声音（WAVs、AIFFs 和 MP3s）都属于采样声音的范畴，其中文件中保存的数据为声音的描述。然而，MIDI 文件不同于采样声音，因为它们是作为一系列指令保存的。在 MIDI 文件中，有特定乐器音符的代码，以及它们力度和持续时间的指令。MIDI 文件很像乐谱。

MIDI 系统经常被以 MIDI 格式"录制"作品的作曲家使用。最简单的 MIDI 系统是一个键盘、一个合成器和一些扬声器。键盘用于作曲，合成器录制作曲，扬声器播放声音。以 MIDI 格式录制乐曲的好处是，可以很容易地将音符分配给不同的乐器，并能多次反复调整。MIDI 文件类似于矢量文件，因为两者都保存为一组指令。为了集成到大多数交互式媒体中，MIDI

文件需要导出为 MP3 文件或其他常见的采样声音格式之一。

第七节　交互式数字媒体中的视频

电影和视频融合

电影和视频已经存在很长时间了，但是基于非常不同的技术。模拟电影是在 19 世纪晚期发明的。为了制作电影，图像被记录在透明介质上，然后投射到屏幕上。直到 20 世纪 20 年代末，电影还是一种无声媒介，观看时有现场音乐家伴奏。在 20 世纪 50 年代模拟视频发明之前的几十年里，电影一直是唯一的活动影像类型。模拟视频将变化的电压连续保存在磁带上，能在阴极射线管显示器或投影屏幕上产生图像。

20 世纪 90 年代，数字视频出现了。数字视频是与数字音频同步的一系列位图图像。像图像和音频一样，数字视频以 1 和 0 的形式保存在计算机上，比静止图像或音频文件有更多的 1 和 0。最初，数码摄像机将媒体存储在磁带上，但现在大多数摄像机都没有磁带，数字信息只是存储在摄像机的存储卡上。

数字视频由快速连续播放的图像组成，就像您小时候制作的一本翻页书一样。每幅图像都捕捉了运动的一个实例。当这些图像快速连续播放时，我们的眼睛会被欺骗看到连续的运动[①]。这种现象被称为"视觉暂留理论"。但为了让它发挥作用，图像必须显示得相当快，至少每秒 15 幅图像。如果图像显示得更慢，眼睛就不会被愚弄，观众将会看到单独的图像，而不是运动。

---

① 迈布里奇赛马动画是由一组快速连续显示的图像组成，会让人产生马在运动的错觉。参见：https://commons.wikimedia.org/wiki/File:Muybridge_race_horse_animated.gif。

数字视频质量

有三个因素影响数字视频的质量。

- 屏幕分辨率
- 帧速率
- 压缩方法

屏幕分辨率是指每帧捕捉的像素数量：分辨率越高，质量越高，文件越大。高清电视广播的分辨率是 1280×720 像素。但是在其他环境中使用的视频不一定需要如此高的分辨率。

帧速率也会影响数字视频的质量。数字视频的标准帧速率是每秒 30 帧。降低帧速率，使得整个视频所需的帧数更少，这就会缩小文件大小。然而，如果帧速率太低，那么视觉暂留理论将不再适用。

压缩方法是影响数字视频质量的第三个因素，对文件大小有显著影响。视频的外观应该决定所使用的压缩类型。有许多不同的视频压缩编解码器，但大多数可以分为帧内或帧间。帧内编解码器（Intra-frame Codecs）创建类似于 JPEG 的压缩，逐帧进行相似像素的汇总。帧间编解码器（Inter-frame Codecs）是不同的，因为它通过找到帧之间的相似性并总结这些信息来实现压缩。如果您在压缩一部有很多"在说话的头像"的纪录片，帧间压缩可能会失败，因为帧间的像素数量可能不会改变。另一种压缩类型是可变比特率编码，您可以选择使用较少的比特来描述视频中的颜色。对于调色板有限的视频内容来说，这是一种很好的压缩类型，就像卡通一样。

使用数字视频

在过去的 20 年里，使用数字视频变得越来越容易。当数字视频存储在磁带上时，需要将其内容采集到计算机中。后来出现的无磁带数码摄像机更容易使用：摄像机存储卡上的视频可以很容易地复制到硬盘上。由于固态存储器的进步，无磁带摄像机成为可能。固态存储器与闪存驱动器使用的存储器类型相同。它没有活动部件，耐移动和冲击。

图 5-15 迷你 DV（数字视频）摄像机将视频录制在迷你 DV 带上

早期数字视频面临的其他挑战是文件大、渲染时间长以及缺乏处理能力。此外，有限的带宽和缺乏标准阻碍了许多视频在网上播放。幸运的是，在过去的几年里，这些挑战已经变得不那么严重了。更好的压缩算法使视频文件变得更小，用于视频存储的便携式硬盘变得更便宜、更耐用。改进的计算机处理能力允许在编辑时进行实时预览，并缩短渲染时间。由于互联网带宽的提高，通过互联网传送视频内容也变得更加可行。

获取数字视频

视频内容可以有各种来源，如电视台、个人收藏、学术档案或素材库网站和格式，包括模拟的和数字的。如果您的原始素材是模拟的，例如 Super 8 胶片，您可以通过投影和拍摄投影来对它们进行数字化。如果您的素材在录像带上，您通常可以将 VHS 机器直接连接到数码摄像机上，在播放 VHS 磁带的同时用数码摄像机进行录像。DVD 上的内容可以用专门的软件提取出来。一般的视频素材，如特定城市的俯视镜头，通常可以从存储视频的网站获得。然而，在任何一种情况下，都要确保您了解版权法，并且确认您是否拥有使用它的许可。

拍摄数字视频

有时候，获取数字视频最简单的方法就是自己拍摄。视频拍摄需要计划和准备。在拍摄之前，您应该有一个需要拍摄的镜头列表，以及计划拍摄的顺序。您还应该侦察拍摄环境，知道天气会怎么样。在多个摄像机上拍摄视频并采集多个音频源是一个好主意，这样您就可以确保拥有比您需要的更多的内容，尤其是在您拍摄的事件不容易重现的情况下。通常一个视频拍摄会涉及除您之外的其他人（如您的拍摄对象和工作人员），所以您要有效地利用您的时间。

作为您的拍摄计划的一部分，您需要考虑拍摄什么类型的镜头。某些类型的镜头能很好地传达您想要传达的信息。

- **平移**（当您左右移动相机时）有助于给场景透视。
- **缩放**可用于传达重要细节或帮助传达情感。例如，如果您想表现一个角色很沮丧，放大这个角色泪汪汪的眼睛会有助于传达这个想法。

还有许多其他类型的镜头（例如，定场镜头、切换镜头、视点镜头、反打镜头、过肩镜头等）可以起到不同的视觉传达作用。

您的镜头取景框也可以有利于或阻碍您的沟通目标。"三分法"被广泛认为是拍摄视频的指导原则。应用这个规则的方法是看着您的取景框，把它分成九个相等的部分，然后把您的主体安排在取景框中线的交叉点上。这种技术有助于确保留出足够的侧面和净空，并建立不对称平衡。

不使用三脚架拍摄视频通常很有吸引力。但如果不用三脚架拍摄，那么视频内容很难被接受，因为最终的镜头通常会不稳定或抖动。如果您不得不在没有三脚架的情况下拍摄，有一些技巧可以用来稳定您的相机。但是，这些无论如何也都要避免，除非摇晃的相机运动是预期的效果。

没有采用"三分法"的构图　　　　　采用了"三分法"的构图

图5-16　运用"三分法"可以改进您的构图

编辑数字视频

编辑数字视频与编辑电影和模拟视频有很大不同。剪辑电影是一个物理过程。在这个过程中,剪辑人员将电影胶卷剪开,然后用胶带将它们粘在一起,形成一个最终的作品。这一过程破坏了原始素材,因此剪辑人员在进行任何剪辑时都必须非常慎重。

编辑模拟视频是通过将一个磁带的某些部分按照所需顺序拷贝到另一个磁带上来完成的。编辑人员在录制完所需的片段后,会在两个并排连接的视频播放器的其中一个换出源磁带。模拟视频编辑的问题是,每次您复制拷贝,质量都会下降。

与电影和模拟视频的编辑过程相比,数字视频编辑程序是一个巨大的飞跃。最大的好处是编辑人员能够非线性地工作,能够返回并做出修改。另一个好处是原始素材不会像电影剪辑那样被破坏。最后,与模拟视频编辑不同,当一个拷贝是从另一个拷贝复制而来时,质量不会下降。

许多数字视频编辑应用程序具有相似的特点:消费级应用程序,如在每台 Mac 电脑上都安装的 iMovie 等;专业消费级应用程序,如 Final Cut Pro 和 Adobe Premiere 等;以及专业级编辑程序,如 Avid 的 Media Composer 等。虽然它们都提供不同的功能,但它们都有非常相似的界面。每个都有一个资源库窗口，用于储存源视频片段、图像和音频，一个预览区域用于查看已编辑的视频片段，一条时间线用于排序和同步视频与音频轨道。在这些应用程序中，用于分割剪辑和添加过渡的工具也是类似的。

编辑完成后，您需要渲染完成的视频，指定最适合您最终用途的帧速率、帧大小和压缩类型。渲染可能需要一段时间，因为软件需要生成构成最终视频文件的所有帧。

文件格式

视频编辑程序允许您以多种格式导出视频文件。

• AVI 是由微软开发的最普遍接受和最古老的视频格式之一。

• FLV 是由 Adobe Edge Animate（以前称为 Flash Video）编码的视频，因为它们在保持良好质量的同时进行了高度压缩，所以在许多在线平台上使用。

• WMV 是微软开发的一种视频格式，具有显著的压缩效果。

• MOV 是 Apple 开发的 Quicktime 格式。这是一种相当通用的文件格式，倾向于高质量和大文件。

• MP4 是 MPEG4 的简称。像 MP3 音频格式一样，MP4 是高度压缩的，同时保持良好的质量。它在 HTML 中得到原生支持。

交互式数字媒体中的视频

从多媒体的早期开始，视频就已经被整合到交互式体验中。但是由于视频文件太大，不适合在网络交互式媒体上播放。直到 2000 年代中期，Web 仍然主要是免费视频。

除了有限的带宽，缺乏整合视频的标准也阻碍了视频在许多网站上的应用。然而，现在 HTML 5 原生支持视频。您只需将视频保存为 MP4 文件，在 HTML 中使用 video 标签来引用该 MP4 文件，然后将视频和 HTML 文件上传到您的 Web 服务器。

2005 年 YouTube 的出现彻底改变了在线视频及其被整合到网站中的能力。一旦内容创作者将视频上传到 YouTube，通过将 YouTube 提供的代码复制到 HTML 代码中，就可以很容易地将其集成到网站上。在您的网站上显示 YouTube 视频的好处是，视频驻留在 YouTube 服务器上（而不是您的服务器上），并且这种视频显示方法得到了普遍支持。此外，随着 YouTube 的发展，它允许上传更大尺寸的视频，并在压缩视频方面做得更好。

YouTube 不仅彻底改变了我们在网站上整合视频的方式，还成为企业家的一个神奇工具。它允许内容创作者通过展示才能或专业知识来获得关注，然后这些才能或专业知识可以成为业务和/或赚取广告收入的基础。

第八节　文案

文案在许多领域中都很重要，交互式数字媒体也不例外。文档制作和交互式应用本身需要不同的文案风格（通常组合使用），包括：

- 说服性文案
- 指导性文案
- 用于有效沟通的文案
- 展示个性和建立联系的文案
- 针对搜索引擎优化的文案

受众、背景和目标应该决定您使用哪种文案风格。

说服性文案

说服性文案是旨在说服某人做某事的文本，可以在以下语境中找到。

项目建议书

大多数项目都是从项目建议书开始的。作为一名开发人员，您正在为客户的问题提出一个解决方案。为了增加您获得项目的机会，您应该精心撰写文案来说服客户选择您。

审计

审计是一种文档，通常由外部咨询顾问创建。他们评估公司的交互式应用程序（通常是网站），并就应该进行哪些更改提供建议，以便公司更好地实现其目标。在审计中，审计人员应该进行观察，并解释效果——好的或坏的。审计不应包含意见陈述，以淡化个人偏见。而且，每一个关键的陈述都应该有某种理由支持。作为现场审计人员，鼓励和说服是有益的，因为您也许会真的要求项目重新设计。

广告

广告被整合在网站、应用、游戏中，并且散见于视频之前、其间和之后。任何有效的广告都必须简洁、醒目、有说服力。谷歌是一个流行的广告网络，其中的广告有一个严格规定的结构：三行，第一行是广告的标题，下面是 URL，然后是两行额外的文本。因为字符是如此有限，广告文案需要非常有效和有说服力，以鼓励用户点击。

社交媒体帖子

社交媒体营销帖子通常旨在说服访客采取行动，但必须从吸引访客开始。一个常见的策略是，首先问一个直接针对他们的需求、愿望或感兴趣的问题，然后提供一些有吸引力的信息，但不要透露一切。最后，提供一个链接。说服访客采取行动的最有效方法，在某种程度上取决于所使用的平台。换句话说，您在 Twitter 上吸引人们的方法可能与您在脸书吸引用户的方法非常不同。一般来说，正面的帖子比负面的帖子更能吸引访客。有图片的帖子比没有图片的帖子更受关注。请求用户做某事的帖子往往比不请求用户做某事的帖子获得更多点击。

游戏脚本

说服性文案在游戏脚本中至关重要，因为目的是让玩家更深入地参与游戏。

指导性文案

指导性文案是旨在指导某人如何做某事的文案。在几乎所有形式的交互式媒体中都能找到这类文案。许多游戏、应用程序和自助终端都包含帮助界面，或者至少是解释如何使用它们的简单说明。想象一下有人第一次在机场自助终端办理登机手续的情形。他们如何知道在自助终端进行交互操作的方式？在这些场景中，指导性文案占据了中心位置。

在交互式媒体中编写指导性文案的一些挑战包括：

• 使用普遍理解的语言。甚至美国不同地区的人对单词的解释也不一样。例如，新英格兰人称他们的杂货为"bundles"，而中西部人可能认为 bundles 指的是一束干草或快乐。

• 把一切都装进去。在智能手机上，屏幕空间有限，所以您没有太多的空间来显示文本。

• 注意力持续时间有限，挫折容忍度低。如果一个应用程序不够直观，不能立即被理解，而访客正在阅读操作说明，他们可能已经感到沮丧了。

指导性文案应该清晰简洁。但是，有时候指导性文案实际上不应该被写出来。使用图标来提供指示通常更有效，尤其是当图标被普遍理解的时候。

图 5-17　许多图标可以代替文字

如果用户访问帮助界面，他们通常试图得到问题的答案。但有时他们第一次尝试却找不到想要的答案。因此，帮助界面应该是可搜索的和高度索引的，具有丰富的交叉链接，允许访客在他们看到不是他们想要的信息时容易地点击进入相关主题。

用于有效沟通的文案

有效的沟通在几乎每种情况下都很重要，因为读者的注意力是有限的。这在出于营销目的而撰写网站文案和社交媒体帖子时尤为重要。始终考虑如何让您的访客尽可能容易地理解您的观点。

编写的网站文案要便于访客快速浏览。当您的网站文本过多时，它应该用标题和副标题分开，这样访客可以快速浏览整个文档，能抓住每一部分的内容。锚链（Anchor Link，即将您带到页面下方位置的链接）对于分解大块文本和更有效地沟通也很有帮助。

效率是编写社交媒体帖子的关键。人们通常会快速浏览他们的新闻，所以传递简洁的信息是必要的。比较以下社交媒体帖子。

"这个周末请光临全国家具店，看看我们在各地的打折活动。所有沙发都降价，最低打五折。销售时间：8月28日至9月1日"	"想买很多家具吗？来全国家具店购买：8月28日至9月1日。打-折"

这些帖子本质上说的是同样的事情，但是右边的那篇写得更简洁，并且准确地告诉读者该做什么。

展示个性和建立联系的文案

当您用清晰独特的风格编写文案时，它能让人们更好地理解和连接您所代表的品牌。如果一个品牌没有个性或特色，那么就没有什么可以让访客辨识的。有个性的文案的关键是使用适合品牌和目标受众的风格，并且在所有平台上保持一致。

考虑以下两个社交媒体帖子及其不同的语气。这种语气告诉您关于品牌和目标受众的什么信息？

"See Who Reads Your Tweets! Amazing Disney Princess Facts! Vanessa Hudgens Surprises! FanCeleb Body Image Quotes!"

"看看谁读您的推文！
惊人的迪士尼公主的真相！
凡妮莎·哈金斯的惊喜！
粉丝名人的身体形象语录！"

"Colorful kicks, friendship bracelets, personalized backpacks—these crafts are a blast to make and even more fun to rock on the first day of class."

"多彩的休闲鞋、友谊的手链、
个性的背包——这些东西都是爆款，
在开学第一天都穿戴上更开心。"

在第一个例子中，每个单词的第一个字母都大写，每个短句都以感叹号结尾。在第二个例子中，文字仍有一种有趣的语调，但是更加轻松。左边的文字是为青少年写的，因为它更乐观、更兴奋、更有趣。它实际上是从 Seventeen 杂志网站上摘抄的。第二个例子肯定是积极的，但更复杂。这是从 Martha Stewart 网站上复制来的。该网站的读者更成熟一些。

博客是一个展示个性的平台。如果客户爱上了博客的个性，他们也可能会爱上这个品牌。例如，网站 Young House Love 是由一对年轻夫妇创建的，他们在博客上写了关于改造他们房子的事情。这篇文章有一种有趣的 DIY 风格，吸引了很多关注、关注者和流量。现在他们赚取广告收入，并在网站上销售产品。博客的个性是读者与它联系在一起并使它如此受欢迎的原因。

针对搜索引擎优化（SEO）的文案

搜索引擎搜索基于文本的内容，基于包括关键词与其文本的相关性在内的若干因素，按各种关键词对网站进行排名。几乎每个人都希望自己的网站能被搜索引擎找到，有策略地编写文案会有所帮助。

"搜索引擎优化"一个网站的第一步，是首先决定您在优化什么。从头脑风暴开始，列出您的目标受众可能使用的与您的网站相关的关键词和短语。然后您要用一个关键词规划工具，找到相关的搜索量高、竞争度低的搜索词。这些是很好的目标。

一旦您确定了您的目标关键词,您就应该围绕它们来构建您的网站。以您的关键词命名网页告诉搜索引擎该网页与这些关键词相关。您也应该有策略地在您的页面上集成这些搜索词。搜索引擎认为在您的页面的某些区域(比如您的标题、小标题、替代标签和链接)的文本,比其他区域的文本更适合分类。因此,在这些区域集成您的目标关键词是有意义的。

因为搜索引擎喜欢文本,所以在您的网站上增加博客是搜索引擎优化的一个很好的策略。由于大多数博客包含大量文本,它应该被搜索引擎抓取到,特别是如果它优化得很好的话。许多博客基于其所针对的关键词来发表文章。搜索引擎优化的力量使得任何人都有可能被认为与几乎任何事情最相关。

专业人士访谈

安娜·蒙特（Ana Monte）

德国桑德豪森 DELTA Soundworks 的声音设计师和联合创始人

安娜·蒙特是 DELTA Soundworks 的联合创始人，DELTA Soundworks 是一家总部位于德国桑德豪森的声音设计公司，为虚拟现实和其他沉浸式体验进行音频后期制作。他们最近的一个项目是为斯坦福虚拟心脏（Stanford Virtual Heart）创作声音，这是一种创新的交互式虚拟现实培训工具，可以带医学实习生进入虚拟心脏并四处观察虚拟心脏，帮助他们更好地了解儿科心脏问题并学习如何处理它们。

您是什么背景，怎么进入这个行业的？

我在加州攻读学士学位，研究音乐产业和技术。在我的最后一个学期，我选了一门叫作"针对视频的音频"的课程。我只是爱上了动效拟音（Foley）技术，以及操纵声音并用噪声创造东西，不一定制作音乐。

我最终去了德国，因为我在柏林的一家剧院实习，我爱上了这座城市。在实习的时候，我认识了一个来自巴登-符腾堡电影学院（Film Academy Baden-Württemberg）的人，我了解到，我可以在那里免费学习，这很令人惊喜，因为这个学院真的很棒。他们几乎每年都获得学生奥斯卡提名。

您喜欢做什么类型的项目？

我从事电影等传统媒体形式的音频工作已经有五年了，但当我们创办 DELTA 时，我进入了沉浸式音频领域。这种应用和方法与传统媒体的音频制作有些不同，因为工作流程是不存在的。我从一个软件跳到另一个软件，因为虚拟现实就像是在游戏和传统媒体之间游泳。一旦我们创造了声音，我们最终如何在平台上实现它是非常不同的，这取决于体验是什么。我经常使用 Unity 和 Unreal 引擎。

您是什么时候开始经营 DELTA Soundworks 的，您是如何获得斯坦福虚拟现实儿童心脏项目的？

2016 年 6 月，我们以书面形式开办了 DELTA 公司。我和我的合伙人签署了我们之间的合同，然后我们申请了一些创业奖。在德国，有一个项目叫作"Kultur-Und Kreativpiloten Deutschland"，他们每年都会给德国 32 家最具创造力的创业公司颁奖。我们终于在公司成立大约两个月后赢得了这个奖项。

不久后，我们参加了一个非常大的科技展会。他们有一个虚拟现实区，我们在那里遇到了大卫和大卫。这两个大卫都是斯坦福大学的人，他们正在从事儿科心脏虚拟现实体验。一个大卫是斯坦福大学的顶级儿科医生，另一个大卫是 3D 专家。他们只是带着他们的笔记本电脑，问我们是否愿意了解他们的经历。我们完全蒙了！这真是一次奇妙的经历。但后来我们就类似"这没有声音，你们需要声音"（这样一拍即合）。事实上，我与他们的合作就是这样开始的。

最初我们认为，声音应该是用户界面听起来像"咔嚓咔嚓"。然后我们了解到，声音是医生通过听诊器来诊断病人病情的首要途径。医科学生训练他们的耳朵去听心脏发出的不同声音，以诊断不同的问题。

您是如何记录心音的？

那是一个非常漫长的过程。最初我们想记录原始的心脏声音，但是，显然，对于婴儿，这非常难以找到。对于某些疾病，全世界只有一千个孩子有这种病。

所以，我们根据参考声音自己创造了声音。他们把心脏发出的声音称为"咚哒"。医生认为这是两个瓣膜关闭的声音，一个瓣膜是"咚"，另一个瓣膜是"哒"。为了发出这些声音，我们需要弄清楚"咚"听起来像什么？"哒"怎么样？当有一个洞时，这种杂音听起来像什么？我们分析了每个元素的频率特性，然后用合成器和随机录音的方式从头开始重建它们。有些声音是健康心脏的真实记录，因为"咚哒"总是相同的。非常重要的是，它在医学上是准确的，因为这是学生学习声音的依据。测量它们之间的毫秒数可以告诉您是否存在某个问题。我们也使用医生提供的数字来帮助计时。

在某些情况下，会出现一种新的声音。例如，儿童的一种被称为室间隔缺损（VSD）的心脏问题，即心脏的两个心室之间存在一个孔洞。所以除了发出"咚哒"，还有一种类似于花园水管的声音。因此，听起来不像是"咚哒，咚哒"，而像是"咚么哒，咚么哒"。当您第一次听到它的时候，您会感到它真的令人捉摸不定。

另一个具有挑战性的部分是使声音空间化。因为在虚拟现实体验中，您可以将自己传送到心脏内部，从内部听到和看到心脏。当您在心脏内部时，您可能会听到这里的"咚"和那里的"哒"。您需要能够根据声音的来源来确定洞的位置。

为 VR 创作声音有哪些挑战？

声音总是在图像制作完成后才被考虑，对于虚拟现实来说也是如此。不幸的是，人们知道声音很重要，但当谈到付款时，他们却不情愿。很难向人们解释什么是立体声，什么是环绕声。当您涉及空间音频领域时，情况会变得更加复杂。人们对此很难理解。

就 VR 而言，沉浸式音频是必需的。您需要百分之百地在那个空间里亲自体验，您需要确认声源所在的具体位置。但是，让人们相信声音的重要性仍然是一个挑战。

人们在将声音融入交互式体验时犯的最大错误是什么？

我认为有很多项目都是一个人做所有的事情，我们只是交付资产，而不是实际控制。这变得非常棘手，因为他们没有空间声音的体验。他们只是专注于在结尾融入声音。但是一旦您在体验中加入声音，还有很多事情要做。您需要把声音空间化。我们已经修复了许多声音集成错误的项目，例如，一个教堂的钟应该在右边，但它实际上来自左后方。当您指出这一点时人们不知道您在说什么。这只是没人注意到而已。

为了产生某种声音效果，您做过最奇怪的事情是什么？

为了大学的一个项目，我需要给一些外星人配音。所以，我让我的朋友说一些奇怪的德国话。她说了"不搭配沙拉吃的话，排骨就不好吃"之类的话。然后我把它倒过来，加上一些音效，听起来很奇怪。我们一直在笑这件事。我给我的猫录了很多次音，让它发出怪物的声音。我也记录自己用嘴发出的奇怪声音。

为交互式媒体制作声音最有趣的是什么？

在虚拟现实体验中，声音比传统媒体更受关注。我认为人们从一开始就知道他们想要好的声音，并为此做了预算。所以声音团队从第一天起就参与其中。为传统媒体制作声音时，您通常是最后一个参与进来的人，并在那里解决问题。一个好的虚拟现实体验需要具有沉浸感，所以我们从一开始就一起工作。作为音响师，您会觉得自己更像是团队的一部分。

讨论问题

（1）您在哪里见过集成到交互式应用中的 3D 图形？您认为这些类型的图形在什么情况下最有效？

（2）给出一个具体的项目示例，其中您将选择制作矢量图形或位图图形。您为什么会做出这样的选择？解释一下。

（3）您在交互式媒体中体验过音频吗？如果有，在哪里？您觉得这令人分心？烦人？有用？

（4）您认为为什么视频越来越多地集成到交互式数字媒体应用中？

（5）您对任何人都可以通过相机轻松制作视频内容有何看法？您认为这是一个机会还是一个烦恼？您能想象在 YouTube 上发布一个针对小众主题的视频会对您的职业和创业有好处吗？

参考文献

Bombardieri, E., Aktolun, C., Baum, R. P., Bishof-Delaloye, A., Buscombe, J., Chatal, J. F., Maffioli, L., Moncayo, R., Mortelmans, L., & Reske, S. N.（2003）. FDG-PET: Procedure Guidelines for Tumour Imaging. *European Journal of Nuclear Medicine and Molecular Imaging*，30（12）B115–B124. Online. Available at: https://doi.org/10.1007/s00259-003-1355-2.

Dixon, M. J., Harrigan, K. A., Santesso, D. L., Graydon, C., Fugelsang, J. A., & Collins, K.（2014）. The Impact of Sound in Modern Multiline Video Slot Machine Play. *Journal of Gambling Studies*，30（4），913–929. Online. Available at：https://doi.org/10.1007/s10899-013-9391-8.

Zhang, J., & Fu, X. (2015). Background Music Matters: Why Strategy Video Game Increased Cognitive Control. *Journal of Biomusical Engineering*, 3 (105). Online. Available at: https://doi.org/10.4172/2090-2719.1000105.

第六章
交互式数字媒体中的审美

是什么让交互式媒体"在审美上令人愉悦"？看您问谁了。我们都有不同的偏见和偏好，所以没有正确的答案。然而，交互式媒体是一种视觉媒体，其目标是促进用户和设备之间高效、有效和愉快的交流。如果审美违背了这些目标，那就有问题了；反之，如果审美支持这些目标，这就是好的。

虽然媒体元素起着辅助作用，但是交互式应用程序的界面通常是决定整体外观和感觉的更重要的因素。界面元素的类型、颜色和布局是由设计师支配的影响整体美感的关键工具。

第一节　排版

几乎每种形式的交互式数字媒体都包含某种类型的文本，这使得它成为整体设计中不可或缺的强大元素。排版的选择会对它的观感产生根本性的影响，影响可用性和可读性。一旦您开始认识到字体特有的特征，您将能够做出更明智的、与字体相关的选择。

字体的力量

看看下面的四个餐馆标牌，您对我的餐馆的食物和氛围有不同的印象吗？当我给学生看这个例子时，他们几乎总是一致回应：1—烧烤，2—运动酒吧，3—素食餐馆或咖啡馆，4—高档意大利餐馆。当我问他们哪个最贵时，总是 4 号。令人惊讶的是，他们可以从这些标牌中得出如此不同的结论，尽管这四个标牌上的名字完全相同。很明显，排版传达的不仅仅是文字本身。

❶ **Julie's Restaurant**

❷ JULIE'S RESTAURANT

❸ **Julie's Restaurant**

❹ *Julie's Restaurant*

图 6-1　我虚构的餐馆所用的字体比单词本身更能说明这家餐馆

因为字体的风格能立即唤起一种感觉，所以传达一种恰当的语气是很重要的。好的排版会非常有力，增强您想要传达的信息；糟糕的排版会破坏它。

图 6-2　这个 App 中排版风格与内容冲突，感觉很差

字体族的属性和定义

字体（Typeface）是共享一个共同设计的字符家族。不同于字形（Font），字体是一个更具体的术语，包括正在使用的字体类型的粗细、大小和风格。例如，您的字形可能是"Arial"，而字体可能是"Arial 12 磅粗体"。

许多字体族都有不同粗细和水平间距的成员。字体的字重（Weight）是指字母内线条的粗细。字重较大的字体的一个例子是 Arial Black，它比标准 Arial 字体更粗。字重较大的字体可以有效地强调重点。

紧缩文本与加宽文本是指字母的间隔压缩或扩大的程度。紧缩文本的字符间距较小，而加宽文本的字符间距较大。

衬线字体（Serif）与无衬线字体（Sans Serif）

字体有两大类：衬线字体和无衬线字体。衬线字体的一些常见例子包括 Times 和 Palatino。无衬线字体包括 Arial 和 Helvetica。要区分衬线字体和无衬线字体，请查看 Times 和 Palatino 中呈现的单词。您可以看到在每个字母的开头和结尾，都有一个小脚来描绘字母的结尾。Serif（衬线）这个词来自荷兰语，意思是"线"，因此，衬线字体是在每种字体的末尾有额外线条的字体。因为 Sans 这个词的意思是"没有"，所以 Sans Serif 字体没有线条。另一个区别是衬线字体有不同的笔画粗细，而无衬线字体没有。当然，有许多新颖的字体既不是衬线字体也不是无衬线字体，但是您在交互式媒体中遇到的大多数字体不是有衬线字体就是无衬线字体。

衬线字体和无衬线字体具有固有的风格特征。衬线字体看起来更传统，当您想暗示某样东西更古老、更成熟时，这是一个合适的选择。相反，如果您想表现出更现代的感觉，无衬线字体会更合适。无衬线字体看起来更现代，因为它们是 20 世纪 20 年代在包豪斯设计学院（the Bauhaus School of Design）发明的。而衬线字体可以追溯到 650 年前的印刷术，它看起来更古老、更传统。

衬线字体 和 无衬线字体的不同特征

图6-3 衬线字体和无衬线字体的不同特征

衬线和无衬线在不同的上下文中有不同的易读性。衬线字体在打印页面上更清晰，而无衬线字体在屏幕上更清晰。与屏幕上的像素相比，在页面上使用墨迹可以表达更多的细节。您有没有注意到您打开的每本书都有衬线字体的正文？在打印的页面上，描绘字母结尾的小衬线清晰明了，更容易阅读并获得最佳理解。另外，无衬线字体在屏幕上更清晰。由于计算机显示器和移动设备屏幕的分辨率低于打印页面的分辨率，当衬线字体在屏幕上以小比例呈现时，衬线看起来模糊不清，因此更难阅读。鉴于此，网站和应用程序中的大部分正文都是用无衬线字体呈现的。

大小写（Case）

您收到过完全大写的邮件或短信吗？您真的读了它还是快速点击了删除？阅读全部用大写字母书写的文本是不舒服的，因为这感觉就像作者在对您大喊大叫。由于每个单词都呈块状，因此阅读起来也更加困难。所以，当我们遇到一段全是大写字母的文字时，我们会花更长的时间去阅读——事实也确实如此，如果我们真的去读的话。

字间距（Tracking）、字符间距（Kerning）和行间距（Leading）

像 Adobe Illustrator 和 Photoshop 这样的图像程序允许您为了易读性或风格化的效果而操纵一个字块的字间距、字符间距和行间距。字间距、字符间距都与字符之间的间距有关。但是，字符间距指的是两个特定字符之间的间距。字间距指的是一组字符之间的间距。当您想要强制文本与左右两边的内容对齐时，字间距很有用。

cat　　　CAT
dog　　　DOG

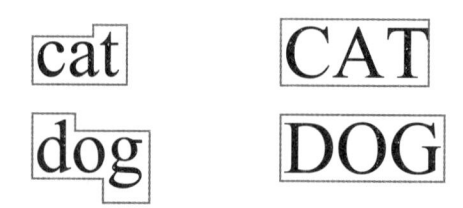

图 6-4　如果单词全部大写，它们会呈现块状。但是，当它们是小写字母时，它们每个都有一个更独特的形状设置类型。全部大写并不总是一个坏主意。对于少量的文本，用大写字母呈现是可以接受的，尤其当目标是从视觉上区分单词和它周围的单词时

This leading is the　　　This leading is
default leading.　　　　a larger leading.

Before kerning: W M　　This is a tighter track.
After kerning: WM　　　This is a looser track.

图 6-5　可以调整字间距、字符间距和行间距以获得戏剧效果

　　文本行之间的间距称为行间距，它是从基线到基线的距离。因此，行间距设置几乎总是大于字体大小。当您使用 CSS 属性 line-height 构建基于 Web 的应用程序时，可以在图形应用程序以及 HTML/CSS 代码中设置行间距。增加行间距可以提高文本的易读性，因为多余的空格可以让读者更容易辨认字母形式。然而，当行间距过大时，会造成视觉混乱。大多数创作应用程序都有类似的控件来修改字间距、行间距和字符间距。

对齐（Alignment）和两端对齐（Justification）

　　在西方文化中，我们遇到的大多数文本都是左对齐（Left Alignment）的，因为我们从左向右阅读。对于左对齐文本，每一行都有相同的起点；眼睛知道从哪里开始阅读下一行。对于居中和右对齐的文本，每一行都从不同的位置开始，所以您的眼睛必须在阅读每一行后寻找起点。这种额外的努力使得居中和右对齐的文本更难阅读，而左对齐的文本更适合大块文本。

　　居中对齐（Central Alignment）的文本看起来比较正式，因为我们习惯于在婚礼请柬和诗歌中看到它。一些网站，如 Williams Sonoma 和 the Knot，利用居中对齐文本固有的正规特性，在图形中广泛使用它，将它们的品牌和

产品与婚礼或其他特殊事件联系起来。

当设计中的文字数量非常有限时，居中对齐的文本也很有效。将字体放在中间可以使其成为主要焦点。考虑一下谷歌网站的界面。一切都是集中的，这有助于传达谷歌的唯一目的：开始搜索。

右对齐（Right Alignment）很少使用，因为它更难阅读。然而，照片上的标题通常是右对齐的，与通常都是左对齐的正文形成视觉对比。这种对比提示读者，标题文字不同于正文，因此有不同的目的。

两端对齐用于调整行的长度，以便在左边和右边产生直边。报纸专栏通常设置两端对齐。两端对齐的棘手之处在于，为了使左边和右边都有一条直边，每行文本内的字间距将会不一致，您可能会在单词和字母之间得到一些不合适的间距。交互式媒体中不常使用两端对齐的文本。

对文本的字间距和字符间距进行调整确实可以改变某些文本给人的感觉。我是在看了弗里茨·朗（Fritz Lang）的一部电影后注意到这一点的。他是 20 世纪 30 年代的德国表现主义电影制作人，在他所有电影的最后一帧都融入了他的个人 Logo。这个 Logo 真的很简单；这只是他的名字和单词"film"的组合。然而，这种字体的处理方式使得文字更加清晰。如果使用默认的文字设置来呈现单词，它看起来会像左边的例子，但是通过操纵字间距和行间距，并在单词周围放置一个框，该字体看起来更加风格化，就像一个 Logo。

图 6-6 这个独特的 Logo 是通过调整字间距和行间距实现的

交互式媒体中的字体

早期网站的排版有些受限。Web 开发人员过去只选择安装在 Mac 和 PC 上的常见字体，以确保访问网站的客户端计算机能够呈现正确的字体。如果客户端计算机没有开发人员指定的字体，将使用随机的替代字体。

Web 开发人员避免这个问题的一个方法是用特殊字体将区域呈现为图形。不幸的是，作为图像的文本不能被搜索引擎解析，用户也不能复制和粘贴文本。然而，在 Web 发展的早期，一些设计人员将整个页面设计成图像，以便精确控制字体的布局。

幸运的是，HTML 技术已经进步了不少。现在开发人员实际上可以将一种字体打包到 Web 页面中，并在代码中指定这种字体。因此，客户端计算机是否安装了特定的字体不再重要。在基于 HTML 的交互式媒体中集成各种独特字体的最常见方法是集成免费提供的 Google 字体，并确保跨浏览器的外观一致性。在 App 和游戏的开发中，字体被打包在最终文件中，以确保最终用户会看到合适的字体。

PDF 文档在网上很流行，它的优点是可以在所有平台上保持设计者选择的原始格式和字体。PDF 文档通常设计为便于打印，可以被搜索引擎编入索引，并可以在浏览器窗口中查看。像手册和简历这样的文档最适合作为 PDF 发布，因为人们倾向于打印它们。当他们这样做时，这些 PDF 文档会保留所有的字体和布局属性。

第二节　颜色

颜色在所有形式的交互式媒体中发挥着重要作用，并且"可以承载重要的意义，对人们的情感、认知和行为产生重要影响"（Elliot & Maier, 2014）。颜色在不同的文化中有不同的联想，不同的时代和性别对颜色也有不同的偏好。

交互式数字媒体设计过程的一部分包括选择调色板。根据自己的个人喜好开始构建调色板很有诱惑力，但这通常不是最佳选择。认识到颜色的含义以及它们是如何协同工作的，将有助于您根据自己的目标选择颜色。

色轮的影响

根据颜色在色轮中的位置，观看者对颜色有不同的生理反应。像红色、橙色和亮黄色这样的暖色更有活力，而像蓝色、绿色和有些紫色这样的冷色往往更令人放松。在一项比较暖色和冷色广告表现的研究中，研究人员发现，以暖色为主的广告比冷色广告的点击率高得多（Sokolik 等，2014）。也许用户认为更温暖、能量更高的广告更令人兴奋，从而激发他们点击？在这种情况下，明显暖色是一个很好的选择。但是，您会创建一个以橙色为主的睡眠 App 吗？大概不会。

色轮上颜色之间的关系也会对它们的传播效果产生影响。

例如，彩图 6 中的 App 有一个调色板，由互补色组成。彩图 7 显示了色轮两侧的冷色和暖色部分。

互补色

互补色是色轮相对两侧的颜色。当它们放在一起时，往往会有一种令人振奋的感觉，可以用来吸引人们对屏幕上某个元素的注意。互补色包括橙色和蓝色、黄色和紫色、红色和绿色。

相近色

相近色是指色轮上彼此相邻的颜色，例如蓝色和绿色。相近色方案往往给人一种更放松、更自然的感觉。

三原色

三原色是在色轮周围均匀分布的颜色，形成一个等边三角形。这些颜色的组合相当有活力；所以建议用三原色中的一种颜色作为主色调，另外两种作为点缀。

分割互补色

分割互补色是在色轮上的位置形成等腰三角形的颜色。分割互补色方案类似于互补色方案，因为它具有强烈的视觉对比，但能量和张力较小。

彩图 8 中显示了色轮中的颜色关系。当这些颜色一起使用时，会影响它们的效果。

选择调色板

就像选择字体一样，在设计过程的早期定义颜色会让您的工作更有效率，因为您有更多的选择。当您开始构建屏幕模型时，您可以将注意力集中在如何将颜色和排版应用到您选择的布局上。

有了彩虹般的颜色，我们很容易想在整个设计中使用它们。但结果可能是灾难性的。让屏幕充满色彩会让观众感到困惑，因为您没有向他们展示什么是重要的、往哪里看，以及对象是如何工作的。例如，如果网站背景和内容的颜色缺乏对比，则使访问者很难阅读。

图 6-7　汤姆、迪克和哈里创意公司网站。来源：tdhcreative.com

强烈的色彩对比有助于将注意力吸引到屏幕上的重要元素上，尤其是当其他大多数东西都是中性的时候。在汤姆、迪克和哈里创意公司网站页面上，注意屏幕的大部分区域是中性的，这使得一个强调色凸显出来，将用户的注意力集中在最重要的元素上。

根据颜色在色轮上的位置来选择颜色是构建调色板的一个很好的起点。还有许多在线资源可以帮助您选择调色板（例如，colormind.io、paletton.com、coolors.co）。此外，您还应该考虑其他因素，如辨识度、品牌、含义、偏好和趋势等。

颜色和辨识度

差的颜色对比度会对辨识度产生不利影响。如果字体颜色和背景颜色之间没有足够的对比，那么就很难辨认出字体。当选择调色板时，确保颜色有很好的层次。如果它们都是相同的值，那么当应用于字体和背景时，字体将难以阅读（见彩图 9）。

颜色和品牌

通常，颜色的选择是由公司或组织的现有品牌决定的。这实际上有助于颜色的选择，因为它给您一个开始构建调色板的地方。如果一个 Logo 包含非常明亮的颜色，那么最好使用该 Logo 颜色作为强调色，以更中性的颜色为主色。您也可以考虑筛选主要品牌颜色，以提供变化和更多层次的可能性。例如，星巴克公司（Starbucks.com）在其 App 设计中使用了代表自己品牌的标志性绿色作为强调色。

颜色和含义

颜色对不同文化的人来说有着固有的意义。在西方文化中，粉红色与小女孩联系在一起，红色代表危险，白色代表婚礼，黑色代表葬礼。但是颜色的关联在不同的文化中是不一致的。例如，在远东文化中，黑色与繁荣联系在一起，棕色代表死亡和哀悼。所以，如果您要创建一个跨文化的应用程序或者开发一个针对特定文化的作品，您应该熟悉相关的颜色关联。

如彩图 10 所示，在不同的文化中，颜色有不同的含义和联系。

即使在您自己的文化中，颜色在不同的行业中也会有不同的关联。绿色有着积极的含义。前 20 家房地产公司中几乎有一半在他们的品牌中使用绿色。然而，绿色并不被用于前 20 家医院的品牌设计中（Desjardins，2017）。如果您在一个不熟悉的行业做一个项目，您应该问您的客户要避免的颜色，并且 / 或者自己进行研究。

几年前，我注意到跨国农业生物技术公司孟山都把他们的 Logo 颜色从红色、全大写、看起来咄咄逼人的"MONSANTO"改成了小写的绿色和棕色。在新 Logo 中，一株以朴素方式绘制的植物耸立在公司名称之上，该公司名称现在是以经典的衬线字体绘制的。在这次品牌重塑的时候，孟山都因其在基因改造方面的工作受到攻击，一些人认为这项基因改造工作是危险的。拥有一个红色的、看起来咄咄逼人的 Logo 无助于孟山都公司树立关心人们健康的形象。

我承认我曾犯过一个错误，选择了不合适的颜色，没有考虑颜色的内在含义和我使用它的背景。几年前，当我为癌症患者工作时，我用黑色背景设计界面。这看起来很合适，因为导航图包含了色彩鲜艳的虫子，而且它们真的很醒目。直到我的客户指出来，我才意识到我的颜色选择是多么不合适。对于一个为癌症儿童创建的资源网站来说，我的带有虫子和蜘蛛的黑色设计有点太悲观了。在与客户会面后，我迅速将背景换成了更令人振奋的蓝色。

颜色偏好

在选择颜色的时候，一定要考虑您的受众的年龄和性别，因为不同的颜色适合不同的性别和年龄群体。蓝色是所有性别和年龄组普遍喜欢的颜色，尽管它与抑郁和忧郁有关，尤其是对喜欢蓝色胜过其他颜色的男性来说。另一方面，女性更倾向于绿色和蓝色。

随着年龄的增长，我们的颜色偏好会发生变化。绿色在年轻人中更受欢迎，而紫色在老年人中更受欢迎。橙色通常是最讨喜的颜色，年龄在 19 岁到 24 岁之间的人最不喜欢它。研究表明：儿童"偏爱强烈的视觉刺激"。这就是为什么设计师在为儿童创造产品时经常选择明亮的霓虹色（Westerbeek 等，2004）。

色彩趋势

当选择颜色调色板时，它有助于了解颜色趋势，特别是如果您创作的作品是为了唤起一个特定的时代。潘通（Pantone）是一家开发用于许多行业的专有色彩系统的公司，并发布颜色趋势报告。如果您想确定什么颜色现在非常流行，您可以在潘通的网站上找到这些信息（您知道 2019 年的颜色是"活珊瑚"吗？Pantone，n. d.）。像 Pantone 这样的资源是有帮助的，因为环顾我们的环境并知道什么颜色非常"流行"很有挑战性。回顾过去，人们更容易将颜色与不同的时代联系起来。旧书、目录、杂志和电影都是很好的资源，能用于识别以前时代的流行色。

第三节　布局原则

一旦您选择了您的字体和颜色，下一步就要考虑在哪里以及如何应用这些颜色，并在屏幕上排列它们。了解一些基本的原则和方法将有助于您根据您的传播目标做出更具战略性的选择。

统一性

什么是统一性

您可能没有意识到，但您可能每天早上穿衣服的时候都会想到统一性。如果您穿的主要是一种颜色，您可能会选择包含这种颜色的鞋子和配饰。我们大多数人都希望我们的服装协调一致，看起来有凝聚力，所以我们选择感觉统一的套装，这意味着我们穿在身上的衣服彼此之间有明确的视觉关系。

为什么重要

"统一性"在交互式数字媒体环境中以类似的方式工作。统一的图形元素使其具有凝聚力,并强化品牌。由于统一的设计,很难忘记您正在使用 Target 的 App。Target 的红色是主色调,圆圈贯穿始终,提醒我们注意 Target 的 Logo。

统一性也有助于引导用户。交互式体验中一致的屏幕外观告诉用户他们是在一个环境中,这在 Web 上尤其重要,点击一个链接很容易迷失方向,不知道您是否还在同一个网站上。

具有相似功能的统一元素有助于用户理解交互式体验。统一相关控件的外观和感觉告诉用户他们在做类似的事情。菜单栏显示统一,因为按钮通常都有相同的外观和感觉,这意味着它们以某种方式相关联。

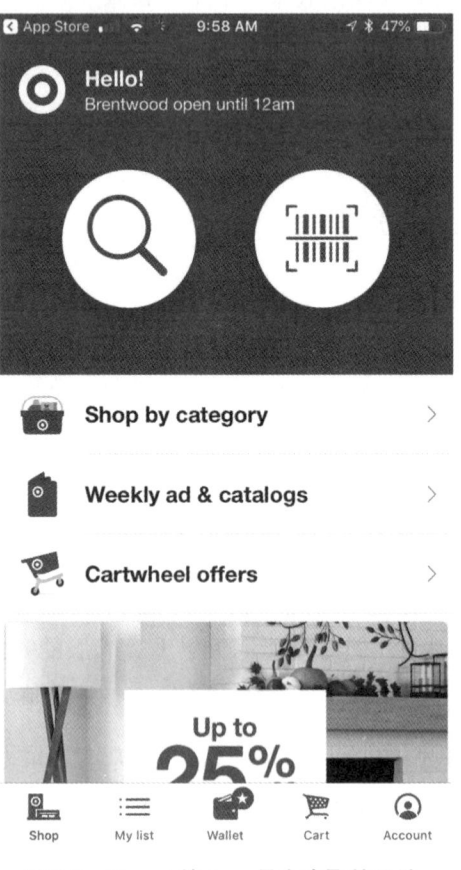

图 6-8　Target 的 App 具有内聚的设计。
来源:www.target.com

最佳实践

交互式设计的统一性是通过限制应用程序中的颜色、字体、布局以及图像、图标和字符样式的数量来实现的。坚持使用指定好的调色板和两到三种字体，您就能很好地实现统一的设计。不管怎样，通过对其他图形元素应用一致的风格，可以加强统一性。例如，您可以将所有照片裁剪成正方形，或者对它们应用类似的滤镜；或者您可以在整个应用程序中集成一个独特的图标或独特的插图风格，以增强统一性。

当应用程序缺乏统一性时，它会破坏可用性。想象一下，如果 App 上的菜单栏只出现在某些页面上，或者网站上的主标题不断改变位置的话。线框图有助于确保统一性，因为它鼓励设计师在所有屏幕上保持关键元素的一致性。

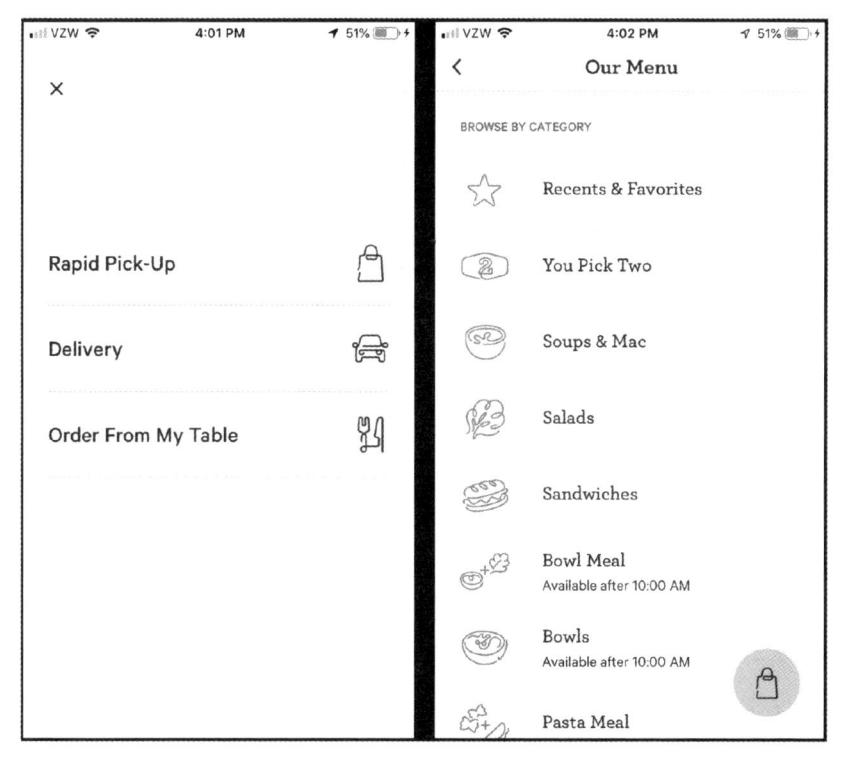

图 6-9　Panera App 中由单一连续线条创建的图标具有独特而统一的风格。
来源：www.panerabread.com

图 6-10　游戏"纪念碑谷"中的人物风格一致。
来源：www.monumentvalleygames.com

差异化

什么是差异化

差异使元素看起来彼此不同。虽然差异化似乎与统一相矛盾，但在交互式媒体中，适当的差异化是统一整体中的变化。

为什么重要

想象一下，您正在穿越一个游戏的不同关卡，它们看上去和感觉上都很相似。这将是非常无聊和令人迷惑的。您可能会想，我以前没来过这里吗？类似的困惑也可能发生在其他形式的交互式媒体中。如果用户没有注意到屏幕上的变化，怎么知道应用程序正在响应呢？虽然屏幕布局应该一致，但独特性有助于传达不同类型的内容。

在一个屏幕的上下文中，差异化有助于识别具有不同用途的元素。观看者认为，如果两个元素看起来确实不同，那么它们可能会做一些非常不同的事情。

最佳实践

线框图也有助于阐明应用程序中具有不同目的的不同区域之间的差异。例如，搜索结果页面与结账页面的外观不同。

屏幕上的排版元素之间也应该有所区别，因为这可以使文本更容易理解和浏览。排版对比是指不同的字体应用于不同目的的文本，在印刷和屏幕媒体中都有使用。在报纸上，一篇文章的标题通常是用大而粗的无衬线字体。这是为了与较小的衬线正文形成对比，让读者可以快速浏览标题，并在感兴趣时进一步阅读。在交互式媒体中，区分超链接和正文也是至关重要的。如果超链接的样式和文本的其他部分一样，就很难区分什么是链接，什么不是链接。

图 6-11 排版对比允许读者区分不同类型的内容

大多数交互式应用程序在整个应用程序中结合了至少两种非常不同的字体，允许设计者通过为每种类型的内容分配不同的字体/大小/风格来创建对比。在线资源如 https://fontpair.co，通过提供一起使用的字体预览来帮助设计师与谷歌字体配对。

下面的例子是一个基于 Web 的响应式应用程序，是我为密苏里植物园的一个展览构建的。使用展览中或移动设备上的二维码扫描仪，用户可以扫描贴有标签的展品，以获取有关它的信息。屏幕上显示的内容包括展品的一些基本信息、图片以及在花园中的什么地方可以找到它。因为每个屏幕包含大量的内容，所以使用排版对比来区分标题、副标题、正文和链接是很重要的。每个标题都以粗体、大号、衬线字体呈现，旁边有一个橙色图标，背景为浅绿色。副标题更小，但在白色背景上用粗体、绿色、无衬线字体。正文也是无衬线字体的，却是黑色的，而且要小得多。标题很小，黑色，斜体，但背景是灰色的。其他部分的链接与图标相关联，文本为白色。这些风格选择在整个应用程序中是一致的，并且是为了阐明元素的不同目的而特意选择的。

图 6-12　密苏里植物园"珍奇藏品"展览的屏幕部分
展示了排版对比

强调重点

什么是强调重点

强调重点是让一些东西突出。应该强调屏幕上最重要的元素！观众应该看着屏幕，立即明白什么是最重要的，因为它被重点强调，然后根据其他组件的布局，直观地知道下一步看哪里。

为什么重要

一般来说，人们不会花太多时间去揣摩您的信息是什么；他们浏览事物的速度非常快，希望尽快抓住要点。如果他们有兴趣了解更多，他们希望被引导到下一个最重要的事情。

最佳实践

当用户打开您开发的应用程序时，想想他们重点想做 / 学 / 买 / 玩什么。将至关重要的项目放在用户最先看到的地方。在网站上，这指的是当屏幕第一次加载时出现的内容。这被称为"折叠上方"，也指的是报摊上报纸的可见部分。"折叠上方"的内容是网站最重要的区域，应该保留给最重要的元素。

在报纸分发器中，只有报纸折叠上方的首页内容是可见的，因此它必须引起您的注意，以便您购买该报纸。

在游戏《糖果粉碎》(Candy Crush)中，"播放"按钮位于屏幕的正中间，以三维背景的大字体呈现，使其跳出页面。它显然被强调得比其他任何事情都重要。这个界面的设计者明白他的目标是让用户尽可能快地玩起来。

将最重要的元素放在吸引用户注意力的位置并不是强调重点的唯一方法。相比之下，通过比例、颜色或风格使某物看起来与周围的元素有不同的行为，也可以用来强调重点。

在 Gift Rocket 网站上，只有彩色的元素是代表您能买到的所有不同类型礼品卡的图标。它们与中性背景形成对比，不同于屏幕上的其他任何东西。设计师使用颜色、比例和风格来强调这个图形，以引起人们的注意。Gift Rocket 希望访客准确地明白他们能在这个网站上做什么：购买礼品卡。

图 6-13 《糖果粉碎》启动屏幕

图 6-14 在这个网站上，对比度最高的元素是图形，它也"指向"关键信息。来源：www.giftrocket.com

一旦您通过强调最重要的元素吸引了观看者的注意力，通过建立一个视觉层次结构向他们展示下一步该往哪里看：根据重要性对信息进行优先排序。问问您自己，如果用户很快地看了这一页，他们会明白要点吗？如果他们想了解更多，他们会知道去哪里看吗？如果用户感兴趣，他们将进一步阅读。

定位一个元素，使其指向另一个元素，这是建立视觉层次的好方法，可以将观众的目光引导到屏幕上下一个最重要的元素。回头看看 Gift Rocket 网站，火箭图形在字面上指向了网站的描述。一旦它们用五颜六色的图标抓住了访客的注意力，它们就把他们引向网站的信息：在这里购买礼品卡。在这个设计中，使用强调重点和指示器有助于快速有效地传达他们希望访客做什么。

空白

什么是空白

空白（也称为负空间）是屏幕上元素（图形、图像、文本）之间的空白空间。空白不一定是白色的。空白空间可以用任何颜色填充，只要它没有任何元素，如图形、图像或文本。

为什么重要

空白很重要，因为它澄清了屏幕上元素之间的关系。用户把靠得很近的项目理解为相关，把离得很远的项目理解为不相关。距离的远近暗示着一种关系。

最佳实践

通过对屏幕上项目之间的空白进行一些微妙的调整，可以改善视觉沟通和用户理解。例如，在菜单栏中，在不同的菜单项组之间增加一点空间可以帮助查看者理解什么是一个组的子菜单元素，什么是新的组。

很明显，Gingiber 网站的设计者非常重视空白的使用，以帮助访客定位。产品图片和产品细节之间的空白很少，因为它们是相关的。大约两倍的空白用于分隔产品行，以明确名称和价格所指的是哪个产品。类别标题用大量的空白隔开，清楚地告诉访客他们在网站上的位置。

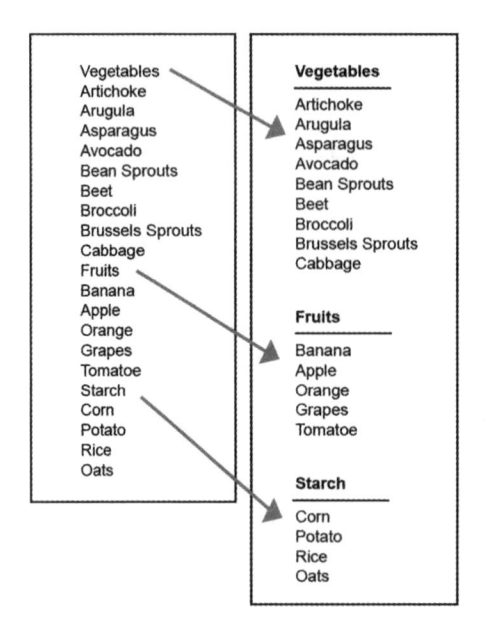

图 6-15　使用空白可以增加屏幕上元素关系的清晰度

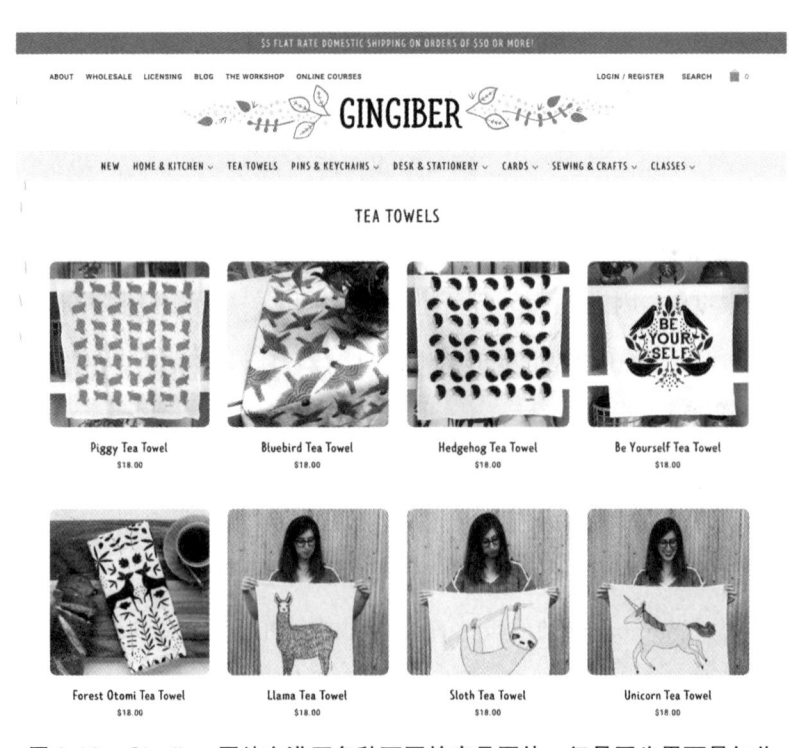

图 6-16　Gingiber 网站充满了各种不同的产品图片，但是因为界面是如此中性和有条理，所以内容不会让人觉得太多。来源：www.gingiber.com

在元素周围添加大量的空白可以吸引人们的注意力。在许多高端时尚网站上，它们的图片周围经常有大量的空白来保持用户的注意力。大量使用空白也有助于网站呈现优雅整洁的外观。

对齐

什么是对齐

对齐（Alignment）是指将页面上的文本或图形元素的顶部、底部、两侧或中间对齐。视觉元素应该水平和垂直地排成直线。

为什么重要

沿相同的水平和垂直不可见线对齐元素会使外观更有条理。当元素被随意放置在屏幕上时，感觉是杂乱无章的。一致的对齐还允许观看者看到元素之间的差异，并进行快速的视觉比较。

良好的对齐有助于提高可读性，尤其是在线表单中。如果表单字段从不同的左对齐点开始，则需要花更多精力来搞清楚下一步要去哪里。如果您的业务依赖于从访客那里获取信息，您的表单应该令人感到毫不费力。

图 6-17　请注意每个产品简介是如何在整个产品列表页面中保持一致的，其效果是观看者感觉不那么有压迫感，在视觉上更容易快速比较。来源：hunters.co.nz/shop

最佳实践

如果您正在进行 Web 设计，像 Bootstrap 框架（一组可以下载并包含在您的 Web 文件中的 JavaScript 文件）这样的技术是基于网格的。如果避免改变列填充设置，您的对齐方式自然会保持一致。

在其他平台上创作交互式媒体时，使用参考线和网格等工具来确保元素对齐。设计图形时，使用图形应用程序中的对齐工具来帮助您构建内容对齐的图像。

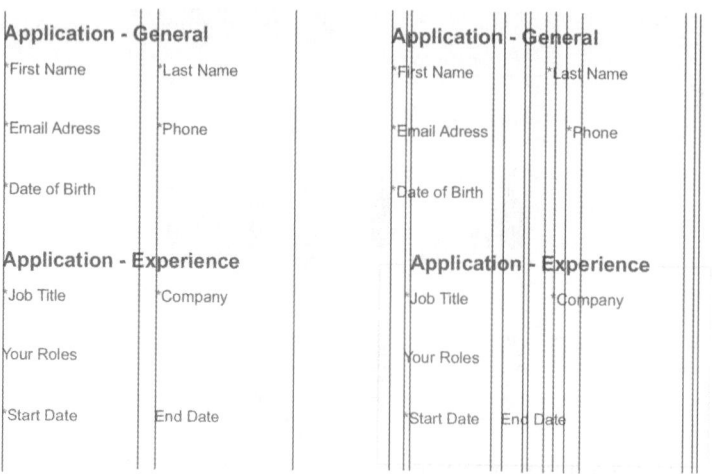

图 6-18 对齐好的表单填写起来更快更容易

专业人士访谈

布莱恩·鲁西德（Brian Lucid）

梅西大学——新西兰惠灵顿

布莱恩·鲁西德是新西兰惠灵顿梅西大学的设计教授。他也是一名实践中的视觉交互/界面/用户体验设计师，利用他的设计技巧来简化复杂的信息并构建有用的交互式应用程序。

您是如何开始您的设计生涯的？

我的职业生涯始于字体设计师。虽然我热爱字体，但现在我明白自己被字体吸引是因为我真的对为其他设计师构建和开发工具很感兴趣。所以，对我来说，从画字母到其他形式的用户交互工具是一个自然的进化。这使我进入了 Web 和 App 的开发以及交互式设计领域。

您认为设计在多大程度上取决于天赋，或学识？

我认为设计很少来自天赋。学生往往没有意识到，他们眼中的天赋其实只是努力的结果。很少有学生自然而然地学会了它，并且从他们身上流露出来。但是，我认为任何对设计有热情和兴趣的人绝对可以培养设计技能。

您教的设计流程是什么？

我们需要教可用性和功能性，这是数据驱动设计的核心。但是我们也想教思辨部分。这和一个更广泛的概念有什么联系？它会是什么呢？

对于一个应用程序，我们如何扩展人们对它的期望？

我们在早期做了很多具体工作和技术工作，比如教字体设计。我们先学习间隔、尺度和层次，然后开始学习如何运用它们。我们开始说，好吧，现在我们有了这些工具、技能，然后我们可以考虑如何应用它们。

当交互式产品处于开发阶段时，这是一个改进的过程。它更关注的是对所做改进进行深度反馈的循环，能够观察用户如何与作品交互、反馈信息、做出更多改进，等等。这是一个迭代的快速原型制作过程。

我们今天的大部分设计都是在可用性方面生成实时指标，所以这不仅仅是设计一些东西，把任何东西放在某人面前，并说"哦，他们喜欢它"，而是实际上能够开发出一个使用数据的轨迹，并且随着时间的推移，能够观察这些数据。我们日常使用的大多数应用程序几乎一直都在进行 A/B 测试。因此，作为一名设计师，您需要能够理解结果，然后知道如何将其转化为或大或小的改进。

我认为它让设计变得不那么主观，因为您可以通过改变按钮的颜色来判断它是如何影响您所获得的点击量的。

您说得对！少了很多主观因素。

很多数据驱动的流程非常善于识别一些较小的审美细节，但可能不会达到真正深刻的根本变化的水平。探索完全不同的做事方式通常是在更早的阶段完成的。

您如何专注于一个设计方向？

从最核心的方面来说，它必须从以人为中心的设计环境中成长起来，这种环境深深植根于用户界面（UI）和用户体验（UX）。这是我们从平面设计到交互式设计的巨大转变。事实上，我们必须向工业设计师和建筑师学习很多东西，因为突然之间，我们开始创造实用的东西。一个初学设计的人需要明白，在完成其他工作之前，我们必须确定自己要做什么，谁在使用它，他们的挑战是什么，然后给我们一个平台，在这个平台上开始讲述这个用法是什么样子的。所以，在我考虑按钮是什么颜色，甚至是按钮的大小之前，我必须考虑在这种情况下需要什么样的按钮。首先和最重要的是确定那些需求和要求，然后让您自己以一种概念性的方式开始探索如何满足这些需求。

当我们谈论过程时，特别是对可能更熟悉印刷设计的初学者来说，最大的转变是这种对顺序的整合。通常，当我和设计师们在这个领域开始工作时，他们会认为屏幕是一个独特的时机。但是我们真的需要考虑叙事。我们需要思考正在发生的事情，以及我们是如何通过一系列交互从这里到达最终结果的。

一旦我们确定了用户，我们就确定了需求，确定什么时候需要发生什么，然后我们可以开始定义层次结构。首先是在这个页面上需要看到什么，用户需要知道如何通过它们的顺序做什么，最后是如何达到一定的审美水平。当我做这类工作时，颜色是最后才出现的。所以我最初做的所有工作几乎都是灰度的。我以层次结构即排版层次结构进行设计，我确实是用颜色来创造层次结构的。

您的职业生涯始于字体设计师，现在您甚至没有真正谈论您的字体选择或颜色选择。

关于以人为中心的设计和可用性的认知，教我最多的是排版。我仍然可以说，作为一名交互设计师，我的 80% 的工作仍然是排版，这涉及一切，尤其是考虑到层次结构。像这样的问题需要多大？这有多重要？我如何安排这些元素在视觉上的重要性？所有这些都是我从排版中学到的。可以说，我仍然通过排版来获得这些问题的 60% 到 70% 的答案。所以很明显，排版还是一个核心技能。

就排版层次而言，您会怎么说——对于初学者来说，选择字体时最重要的是什么？

显然，排版教会人们对视觉变得高度敏感，从而使得人们对视觉属性如何影响所表达的意义与所传递的信息有了更深入的理解。所以，这不是让字体变大或变小的问题，而是我们为什么要让字体变大或变小，以及这传达了什么。当然，在我自己教学中，我非常关注视觉特性的概念。我们拥有哪些工具，使用这些工具会产生什么影响？这个想法是，我们有一套视觉特性，我们的眼睛非常善于捕捉，然后我们有能力将这些视觉特性与意义联系起来。我可以通过颜色讲故事，我可以通过大小、动作等讲述同一个故事。这些只是创造对比并将对比与意义联系起来的方法。在数据可视化、讲故事、用户体验等方面都是如此。

所以就其核心而言，排版是认识视觉特性及其传播方式的一个非常好的切入点。当我们能够将这些视觉特性与有意义的文本联系起来时，这种意义就被放大了。从积极或消极的方面来看，这都有一种惊人的可操作性。这是我们真正开始能够沟通交流的地方，也是设计师开始了解他们的力量和影响的地方。

讨论问题

（1）找出一个在 Logo 中使用衬线字体和使用无衬线字体的公司或组织的例子。您认为这些公司或组织为什么会做出这样的选择？

（2）您最喜欢的字体是什么字体？为什么？

（3）您有没有发现某些字体很难阅读？既然您已经读了这一章，您认为那是什么原因导致的？

（4）在某个特定行业中，有没有您经常看到的颜色？您认为这是为什么？

（5）找一个视觉层次的例子。为什么它有效？

参考文献

Desjardins, J.（2017）. Color in Branding: What Does it Say About Your Industry? *Visual Capitalist,* February 20. Online. Available at: https://www.visualcapitalist.com/color-in-branding-industry.

Elliot, A. J., & Maier, M. A.（2014）. Color Psychology: Effects of Perceiving Color on Psychological Functioning in Humans. *Annual Review of Psychology*, 65（1）, 95–120. Online. Available at: https://doi.org/10.1146/annu.rev%2Dpsych%2D010213%2D115035.

Ellis, L., & Ficek, C.（2001）. Color preferences according to gender and sexual orientation. *Personality and Individual Differences*, 31（8）, 1375–1379. Online. Available at: https://doi.org/10.1016/S0191%2D8869(00)00231%2D2.

Hallock, J.（n.d.）. Colour Assignment. Online. Available at: http://www.

joehallock.com/edu/com498/index.html.

Pantone（n.d.）. *Color of the Year*. Online. Available at：https://www.pantone.com/color-intelligence/color-of-the-year/color-of-the-year-2019.

Sokolik, K., Magee, R. G., & Ivory, J. D.（2014）. Red-Hot and Ice-Cold Web Ads：The Influence of Web Ads' Warm and Cool Colors on Click-Through Rates. *Journal of Interactive Advertising*，14（1），31–37. Online. Available at：https://doi.org/10.1080/15252019.2014.907757.

Westerbeek, A., de Graaf, C., Liem, D. G., Kok, F. J., & Wolterink, S.（2004）. Sour Taste Preferences of Children Relate to Preference for Novel and Intense Stimuli. *Chemical Senses*，29（8），713–720. Online. Available at：https://doi.org/10.1093/chemse/bjh077.

第七章
创作交互式数字媒体

创作交互式媒体就是让交互性发挥作用，可以通过两种方式来实现：通过编写代码或使用创作应用程序（Authoring Application），也可两者结合使用。不同的工具和技术被用来创作各种形式的媒体，所有这些形式都随着时间的推移发生了显著的变化。创作基于 Web 的内容带来了一系列额外的挑战，因为开发人员必须注册域名、建立主机、集成内容管理系统，并将文件上传到 Web 服务器。

第一节　多媒体创作

交互式媒体的早期实验早在 Web 和个人电脑出现之前就开始了。在 20 世纪 70 年代，美国宇航局的科学家建造了一个"虚拟界面环境工作站"（Virtual Interface Environment Workstation，VIEW）和其他仪器，可以让您在虚拟空间中移动。在这十年中，程序员创作了电子游戏和其他类型的交互式应用程序，尽管这些体验主要是基于带有基本图形（如果有的话）的文本。直到 20 世纪 80 年代中期，多媒体创作的时代才诞生。Macintosh 电脑的内置软件超级卡片（Hypercard）[①] 开启了多媒体革命，让任何人都可以建立交互式视听体验。事实上，Myst 游戏的第一个版本就是使用 Hypercard 开发的（Scott，2017）。另一个早期的交互式媒体创作应用程序是 Authorware。它的优势在于开发电子学习（E-learning）内容。

然而，专业交互式数字媒体创作的真正巨头是 1988 年发布的 Macromedia Director。Director 是用于构建独立的交互式体验的主要程序。这种体验可以在 CD 上或在自助终端中运行。在 20 世纪八九十年代，Director 开发了几款流行的基于 CD-ROM 的冒险游戏。它甚至允许在体验中整合视频。但是，就在 Director 开始大踏步前进的时候，万维网（World Wide Web）出现了，为网络化交互式体验提供了可能。

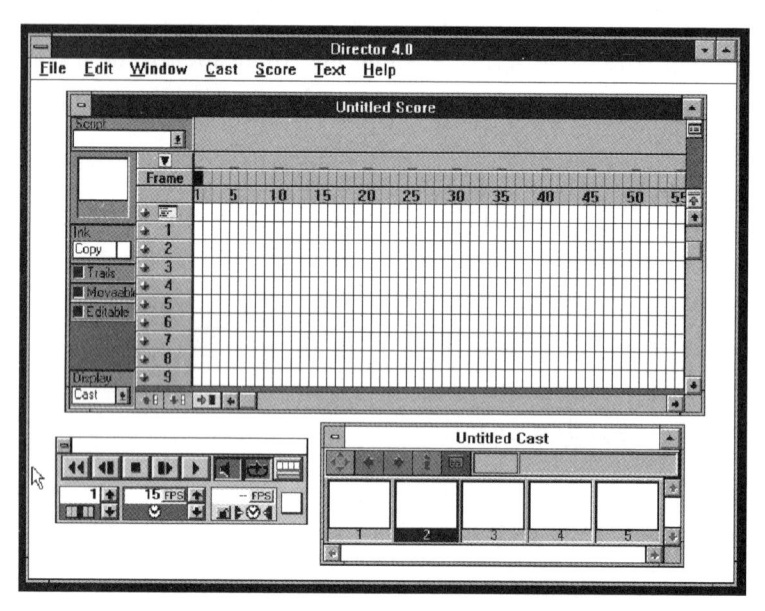

图 7-1　微软 DOS 下运行的 Macromedia Director（1994 年）

Director 背后的开发团队通过发明 Shockwave 插件对 Web 做出了响应。该插件允许通过 Web 浏览器查看 Director 制作的文件。这在理论上

[①] Hypercard 多媒体创作应用程序。参见：https://www.macintoshrepository.org/2328-hypercard-2-2。

是一个伟大的想法，但在实践中却不是。问题是 Director 中的应用程序非常大，不适合通过互联网交付，因为互联网仍处于发展初期，带宽非常有限。尽管如此，Director 仍然保持着在多媒体创作工具领域中的主导地位，因为与早期 HTML 不同，制作者可以用 Director 精确地控制屏幕上元素的外观。

Macromedia 很快意识到用 Director 制作的文件对于 Web 来说过于庞大，于是发布了一款名为 Flash 的新产品。该产品很快成为交互式媒体创作的宠儿。Flash 与 Director 的相似之处在于，它允许开发人员精确地控制元素在屏幕上的位置，并轻松集成音频和视频。但 Flash 与 Director 的不同之处在于，它具有提供较小文件的优势，因为在 Flash 中创建的图形是矢量的，而不是基于像素的。20 世纪 90 年代末到 21 世纪初，许多网站都以 Flash 内容为特色。它还被用于创建基于 Web 的游戏，并且由于其优越的动画工具，许多流行的卡通都出现在广播电视上。随着 Flash 的应用越来越广泛，Director 也变得过时了。

2000 年代末智能手机的出现标志着 Macromedia Flash 的衰落（当时已被 Adobe 收购）。苹果不会在 iPhones 和 iPads 的浏览器窗口中支持基于 Flash 的内容，因为史蒂夫·乔布斯认为 Flash 内容对于移动设备来说过于臃肿，耗电太多（McNichol，2010）。因此，任何包含 Flash 内容的网站都不会出现在 iPhone 或 iPad Safari 浏览器中。乔布斯鼓励用户开发具有新的 HTML/CSS/JavaScript 能力（特别是允许动态生成矢量图形的画布元素）的交互式内容。虽然 Flash 内容在 Android 设备的浏览器中还能支持一段时间，但现在已经不再是这样了。

Adobe 通过将 Flash 更名为 Adobe Edge Animate 并添加一些新功能来应对这种情况。开发人员现在可以在 Edge Animate 中创作，但可以将文件导出为 HTML 和 JavaScript，以便生成的应用程序可以在浏览器，甚至是移动设备上的浏览器中本地运行。开发人员还可以构建独立的交互体验，可以将其制作成支持 iOS 和 Android 设备的应用程序以及桌面应用程序。

第二节　制作电子游戏：休闲游戏与游戏机游戏

休闲游戏是那些被设计成在旅途中短时间内玩的游戏，并且不太复杂。Adobe Edge Animate 实际上是构建这类游戏的流行工具。事实上，它已被用来制作《愤怒的小鸟》（Helander，2012）。然而，构建一个休闲游戏，Edge Animate 这类的软件并不是必需的。开发人员可以通过在文本编辑器中键入 HTML 和 JavaScript，并在 Web 浏览器中预览游戏结果来实现这一点。或者，开发者可以使用众多 JavaScript 游戏引擎中的一个，例如 Phaser、Babylon.JS 或 GDevelop，提供一些拖放功能、快捷方式和预览功能，使游戏开发过程更快。其中一些程序甚至是免费或开放源代码的。

另一个流行的免费开源游戏引擎是 Twine。Twine 最初是一个创作交互式小说的工具，现在已经扩展了 HTML、CSS 和 JavaScript 的增强功能。一些游戏叙事设计者使用 Twine 作为规划工具。但是完整的 App 也可以用该程序制作。使用 Adobe Phonegap 之类的工具，任何用核心 Web 语言构建的休闲游戏都可以打包成应用市场的游戏。

更强大、更复杂的包含沉浸式三维环境并能在 PC 或家用游戏机上运行的游戏，一般不用 JavaScript 开发，而是（通常）用 C# 或 C++ 编程。C# 或 C++ 是真正面向对象的编译语言。面向对象的编译语言对于编写复杂的程序是必不可少的，因为它们有一个模块化的结构，其中对象可以在应用程序中重用。编译语言是一种必须通过编译器（将编程语言翻译成机器代码的程序）才能执行的语言。已编译的程序的好处是运行速度快，这对于复杂的游戏是必不可少的。

为了帮助游戏开发者开发游戏，大多数人使用游戏引擎软件。本质上，游戏引擎是具有图形用户界面的代码编译器，提供图形预览、功能、编程快捷方式、动画工具和功能回顾①。它们很像前面提到的 Adobe Edge Animate 或 JavaScript 引擎之一，但更加耐用。游戏引擎也用于创建虚拟和增强现实体验。

常见的游戏引擎包括以下两类：

• Unity，由 Unity Technologies 开发，是一款流行的跨平台游戏开发引擎，用于开发"世界上一半的游戏"（Unity，n. d.）。它支持为 Android、iOS 以及所有主要游戏机创建 2D 和 3D 游戏。它以易于使用和免费而闻名。它还包括一个嵌在软件中的平台，便于开发人员共享代码和其他资产。

• Unreal 游戏引擎，由 Epic Games 开发，对开发者来说也是免费的。但是 Unreal 对任何用它制作的游戏收取 5% 的版税。它也为开发者提供了一个共享代码和资产的平台，甚至是一个开发者可以出售他们游戏的市场。Unreal 游戏引擎以渲染细节图形的优越性著称。

第三节　构建 App

App 是交互式媒体的最新形式之一，仅仅出现了十年多。然而，苹果和谷歌 Play 商店都有超过 200 万个 App 可供下载。对于每一个需求，都有一个应用可以满足它（Clement，2019）。因为 App 如此有用，信息丰富且有趣，无论我们去哪里都随身带着，所以，App 成瘾是一个新的问题。研究表明，App 上瘾者更容易受伤，因为他们在使用智能手机时会忘记周围的环境（Kim 等，2017）。现在甚至有 App 来帮助减少 App 的使用（Löchtefeld 等，2013）。

App 文化由苹果公司在 2000 年代末开创。2007 年 6 月，当第一款 iPhone 发布时，苹果公司宣布开发者将被允许创建 App，其外观和行为都与设备上安装的 App 一样。这些 App 将能够利用内置的 iPhone 服务，如

---

① 手机游戏《入侵者》是使用基于 HTML/JavaScript 的游戏引擎 Construct 2 制作的。

电话、GPS 和相机。2008 年 7 月，苹果应用商店推出，为 iPhone 用户提供 552 种不同的 App，他们可以将这些 App 安装在自己的 iPhone 上。2008 年 10 月，安卓应用市场（Android marketplace，后来更名为 Google Play 商店）开业（Strain，2015）。

有许多不同的方法可以用来构建 App。最初，iPhone 应用程序需要在苹果公司提供的名为 Xcode 的编辑器中使用 Swift 编程语言进行构建。Android 应用程序是用 Android Studio 开发的，主要是用 Java 编程语言编写的。如果您想为这两个平台开发一个 App，您必须在这两个不同的开发环境中开发两次。虽然这些方法仍在使用，但现在也有可能使用上述任何编辑器开发一个 App，以 HTML、CSS 和 JavaScript 导出内容。

图 7-2　用 Xcode 开发 App

在开发 App 时，您可以在自己的设备上安装并预览它。但是将它导入应用市场需要一些额外的步骤。首先，您需要获得一个数字证书来对您的 App 进行签名。然后您把 App 上传到各自的应用商店。这两个应用商店都要求您提供与 App 相关的关键词和描述。苹果和谷歌 Play 商店都要求开发者注册并付费提交 App。苹果收费 100 美元，Google Play 收费 25 美元。对于这两家商店来说，在您的 App 获得批准并向公众发布之前，都有一段等待期。

第四节　为表演和公共场所构建交互式媒体

交互式媒体经常出现在公共场所，或者是出于功能目的（如杂货店的售货亭），或者是在更具体验性的环境中（如博物馆）。对于更直接的基于屏幕的交互体验，可以用多媒体创作应用程序、游戏引擎或本地 Web 语言进行开发。还有为自助终端应用程序开发而专门设计的程序，例如 SureFox、SiteKiosk 等。

对于本质上更加物理的体验，需要一种不同的方法。首先，开发者必须考虑输入。系统是否对用户的移动或用户在空间中的位置或环境中的噪音量做出响应？专门的传感器可以跟踪这些变量，并将其输入计算机，然后计算机可以根据输入做出反应（产生声音和视觉效果）。

由于典型的计算机没有配备用于这些专用传感器的输入，所以使用廉价的、精简的、信用卡大小的电路板，例如 Arduino 微控制器主板或树莓派（Raspberry Pi）通用微型计算机，来构建这些类型的物理交互式体验。这两种设备都可以接受传感器、电机等，与显示器或标准计算机通信，并且可以被编程以响应它们在环境中感知到的数据。

交互式物理体验可以用不同的语言编写，并在不同的创作环境中构建。以下语言和应用程序可以通过接口访问 Arduino 和 Raspberry Pi。

• Pure Data 是一种免费的开放源代码的编程语言，也是可视化的，使非编程人员更容易创作交互体验。

• Processing 是另一种免费的开放源代码的编程语言，可轻松访问 Arduino 接口。

• Max 实际上是 Pure Data 的早期版本，由 Cycling'74 公司进一步开发和商业化。它也是一种可视化编程语言。不像 Pure Data，它不是免费开放源代码的。但是公司提供很多教程和帮助。

• Touchdesigner，由 Derivative 提供，是一个强大的创作环境，用于创建实时的物理交互式体验。

用上述工具构建的物理交互式体验可以采用各种形式，具有不同目的。例如，开发人员使用 Touchdesigner 创建了一堵屏幕墙，所播放的动画是根据洛杉矶市中心微软剧院休息室的房间条件进行制作的（Derivative, 2017）。另一个更具教育性的物理交互式体验（由 Max 制作）可以在荷兰的 Zaans 博物馆找到：数百个微型风车根据游客在空间中的位置和运动而旋转（Cycling'74，2014）。

第五节　建设网站

网站是建立在 HTML、CSS 和 JavaScript 的基础上的。虽然这些语言可以用来构建游戏、App 甚至自助终端，但它们植根于 Web 开发。基于此，HTML、CSS 和 JavaScript 的坚实基础是一套通用和实用的技能。但是，要开发网站，开发者还必须知道如何注册域名、建立虚拟主机、集成内容管理系统以及将文件传输到网络服务器。

网络是如何工作的

Web 是建立在客户机-服务器模型上的，其中，您的计算机充当客户机；服务器指的是网络上的服务器。这就像在餐馆点餐一样：电脑是顾客，服务器是服务员。当您在浏览器中输入网址时，您是在向服务器发出请求，确切地告诉它您希望它提供什么。

当请求 Web 内容时，浏览器会自动在您键入的地址前面加上 http:// 或 https://。HTTP 代表超文本传输协议（Hypertext Transfer Protocol），表示您正在请求超文本形式的内容（网页）。"https:"中额外的"s"表示网站是安全的，这是网站所有者为了实现金融交易而需采取的必要措施。

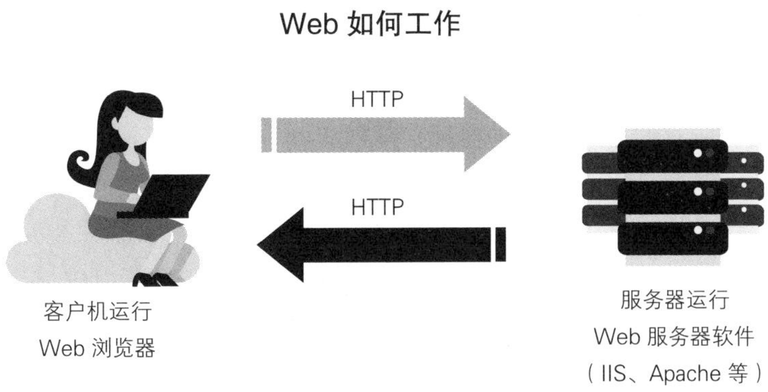

图 7-3　Web 是基于客户机-服务器模型的

核心 Web 语言

HTML、CSS 和 JavaScript 是构建网站的三种核心 Web 语言。虽然从技术上讲，您可以不用 CSS 和 JavaScript 来构建一个网页，但您肯定需要使用 HTML。JavaScript 和 CSS 代码要么包含在 HTML 页面中，要么作为 HTML 中的外部文件被引用。通常，网页具有文件扩展名"HTML"，即使它们包含 JavaScript 和 CSS。这三种语言一起使用的原因是每种语言都与网站功能的不同方面有关。

HTML 代表超文本标记语言（Hypertext Markup Language），关注的是页面的含义。它描述了页面上有什么内容，例如，这是一个标题，这是一个段落，或者这是一个按特定顺序排列的项目列表。所以，只要看看 HTML，您就能理解它的结构和意思。这就是谷歌如何阅读一个页面并理解最重要的关键词是什么的方法。

CSS 是层叠样式表（Cascading Style Sheet）的缩写，与页面的表现形式有关。在 CSS 中，开发人员描述颜色、字体以及内容块如何相互关联。甚至段落之间的空格和换行符都是由 CSS 控制的。如果没有 CSS，网页将会是页面上一个未分开的完整文本块。通常，作为网站一部分的所有 HTML 文件都引用相同的 CSS 文件，这有助于所有页面的外观和感觉保持一致。

JavaScript 用于实现网站上各种元素的行为。JavaScript 允许您在网页加载后创建交互式效果。JavaScript 的一个常见用途包括根据用户的鼠标点击隐藏和显示页面上的区域。JavaScript 被称为"客户端语言",因为它不与服务器通信。所有的交互性都是在网站被加载到客户的计算机上之后发生的。

图 7-4　HTML、CSS 和 JavaScript 是核心的 Web 语言

响应式网站

在智能手机于 2000 年代末首次亮相不久后,非常明显的是,在较小的屏幕范围内查看整个网站并不容易。用智能手机阅读网站上的文本需要大量的折叠和展开。显然,用户在通过智能手机访问网站时需要不同类型的内容。基于此,开发人员开始构建能够"响应"访问设备的网站。因此,如果智能手机请求一个网站,将显示移动版本,但如果台式计算机请求该网站,后者通常会提供一个更强大的版本。

构建响应式网站最常见的方法之一是使用 Bootstrap 框架。Bootstrap 是一组开放源代码的 JavaScript 和 CSS 文件,当包含在网站中时,允许开发人员以 12 列网格结构设计页面。使用 Bootstrap 语法,开发人员可以指定一个元素在不同的上下文中应该跨越多少列。因此,例如,在台式计算机屏幕上,公司 Logo 可能被限制在左上角,并且只跨越 12 列中的 2 列,但是在移动设备上,它可能跨越所有 12 列。Bootstrap 让开发人员更容易构建响应式网站。

Web 服务器端语言

网站经常需要 HTML、CSS 和 JavaScript 之外的功能,在必须向数据库读写内容的情况下，必须使用服务器端语言。如电子商务网站是一个依赖于服务器端语言的网站，因为它们由产品列表、客户信息和过去的订单组成，所有这些都存储在一个只能由服务器端语言读写的数据库中。

PHP 是最常见的服务器端语言之一，但还有许多其他语言。PHP 之所以流行，是因为它是开放源代码的，不像微软的服务器端语言 ASP 和 ASP.NET。像 JavaScript 代码一样，PHP 代码块被插入 HTML 页面中。然而，与 JavaScript 不同的是，在将结果页面返回给客户机之前，服务器会对 PHP 进行解释。例如，PHP 代码可能会根据数据库中某个特定产品的 ID 来请求该产品的信息，但是生成的 Web 页面只显示该产品的名称、图片等，这些信息已经从数据库中取出。当您在浏览器中查看网站的源代码时，看不到服务器端语言，因为当它到达客户端电脑时，该语言已经被服务器解释，所生成的 HTML 被显示出来。

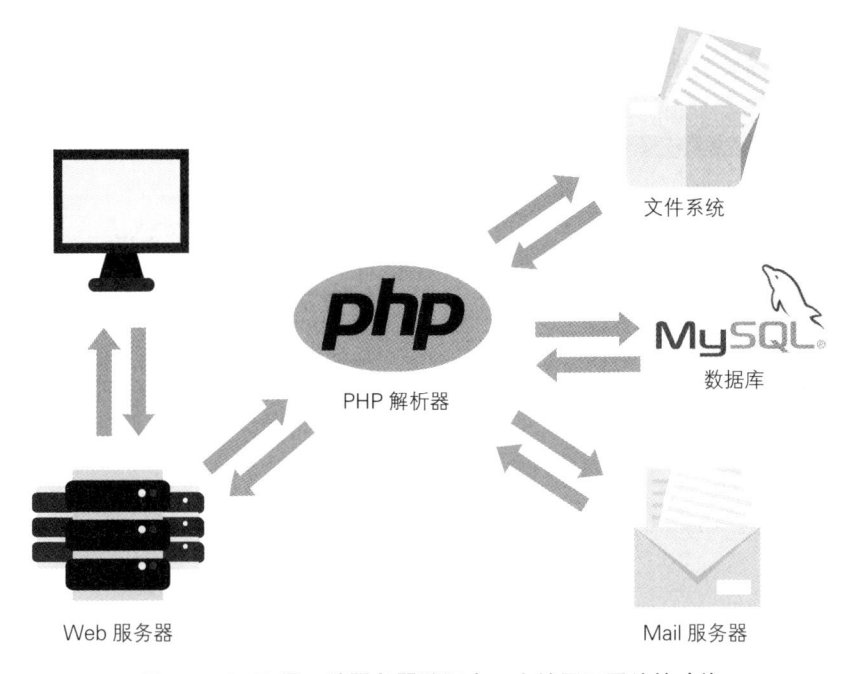

图 7-5　PHP 是一种服务器端语言，它扩展了网站的功能

内容管理系统

在网络的早期，改变一个网页需要改变源代码和重新上传文件。如果一个客户雇用了一个网站开发人员来建立一个网站，他们将不得不联系开发人员来做哪怕是很小的文字修改。针对这个难题，内容管理系统诞生了。内容管理系统（Content Management System，CMS）是驻留在您的托管环境中的软件，它允许管理员轻松地对网站进行更改，而无须了解任何源代码。

然而，为了使编辑和更新工作正常进行，网站的开发者需要与 CMS 一起建立网站。尽管 WordPress 主要以博客平台而闻名，但它已经成为网络上最受欢迎的内容管理系统，30% 的网站都在其上运行（Sawers, 2018）。WordPress 被广泛使用，因为它是免费的、开放源代码的，并且是用流行的服务器端语言 PHP 编写的。因为它是为博客作者（而不是程序员）开发的，所以也很容易使用。

图 7-6 我用 WordPress 管理我的一个网站，您可以在控制面板中看到我的所有页面列表

图 7-7 我用 WordPress 管理我的一个网站，以便轻松编辑页面的内容

域名系统

在建立网站之前，您需要采取的最重要的步骤之一就是选择和注册一个域名（Domain Name）。当然，如果您在一个免费的平台上建立一个网站，您不会选择您自己唯一的域名。但是如果您建立一个更专业的网站，您应该注册您自己的域名。

域名是网站的名称。您在日常生活中会经常遇到它们：www.google.com、www.whitehouse.gov、www.craigslist.org 等。它们相当容易记忆，而且通常比较直观，因为它们在域名中包含它们所代表的公司或组织。域名实际上是数字寻址的互联网资源（被称为 IP 地址）的别名。IP 地址是由句点分隔的一串数字，例如，我的网站的 IP 地址是：107.180.50.232。（注意：这个 IP 地址不会弹出我的网站，因为主机出于安全考虑已经阻止了通过 IP 地址的请求。如果您在浏览器地址栏中键入此 IP 地址，您将看到 GoDaddy 品牌的登录页面，因为这是我的网站所在的位置。）之所以使用域名而不是 IP 地址，是因为记住域名比记住与其相关联的 IP 地址要容易得多。

每个域名都有一个扩展名，扩展名是域名的最后几个字符。例如，雅虎的扩展名为 .com，因为域名是 www.yahoo.com。域名扩展是在互联网早期由网络信息中心（NIC）建立的，并且新的域名一直在创建。这些是为了告诉您一些关于这个域名的网站的信息。学校、学区和大学的网站都有 .edu 扩展名，因为它们是教育机构。其他常见的扩展包括 .mil（军用网站）、.gov（政府网站）、.org（非营利组织）。.com 域名是商业域名的缩写，是最常见、最理想，通常也是最昂贵的域名扩展。还有许多域名是国家特有的。您可以购买带有 .us 扩展的域名，这意味着您的网站是基于美国的，但是这在美国并不像在其他国家那样普遍。几乎每个国家都有相关的域名扩展，例如，.fr 是一家法国公司，.mx 是墨西哥的，等等。

您可能会想，如果域名实际上是 IP 地址的别名，计算机怎么知道什么 IP 地址指的是什么域名呢？换句话说，如果用户在浏览器中输入 www.yahoo.com，那么浏览器怎么知道这个域名的 IP 地址呢？它必须首先询问域名注册机构，一个存储域名和相关 IP 地址的表。

在互联网的早期，只有一个域名注册机构，然而，随着互联网的发展，需要去中心化和冗余。域名系统（Domain Name System，DNS）于 20 世纪 80 年代中期推出，是一个遍布互联网的服务器网络，包含将 IP 地址与域名相匹配的表。DNS 服务器经常互相检查，并根据它们在其他 DNS 服务器中找到的最新信息更新它们的表。一旦您注册了一个域名，并将其与一个 Web 服务器的 IP 地址相关联，它就会被记录在一个 DNS 服务器上。该服务器通过互联网与其他 DNS 服务器进行通信，以便它们都拥有相同的信息。因此，如果您通过更改您的虚拟主机将您的域名指向新的主机（以及相关联的 IP 地址），该 DNS 服务器可能需要一段时间来与世界上所有其他 DNS 服务器传递信息，并且您的网站可能会关闭 1 个小时左右。

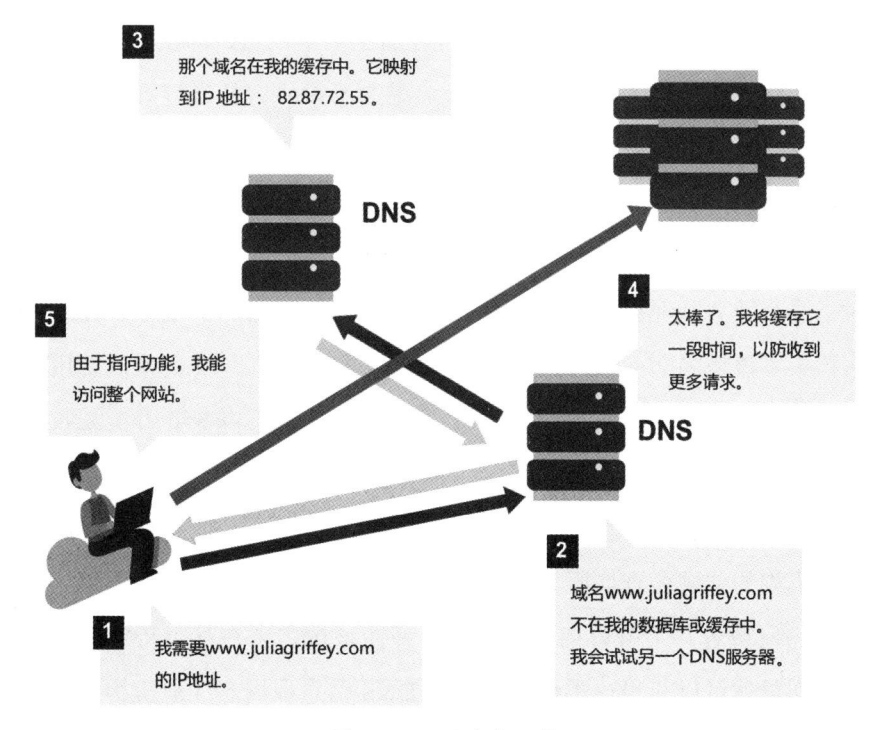

图 7-8　DNS 如何工作

注册域名

当您注册一个域名时，您实际上是在租用这个域名。成为一个域名的所有者意味着您在一定时期内有权利使用它。您可以注册一个域名，最短一年，最长十年。在美国，域名的费用通常是每年 15 美元，但根据域名的吸引力而有所不同。您可以从许多被称为域名注册机构的公司注册域名，包括网络解决方案，如 Register.com，1and1.com、GoDaddy.com、Dreamhost.com 等。价格因网站而异。但自 20 世纪 90 年代中期域名注册业务去中心化以来，价格已经变得不那么贵了。

虽然有很多选择，但在购买主机时注册域名是个好主意。首先，将您的域名注册和主机放在同一家公司会容易得多，这样您就可以只收到一张账单。而且，在同一家公司内，将域名指向 IP 地址更容易。

如果打开 Web 浏览器，输入域名，却没有网站出现，人们经常会误以为该域名仍是可用的。然而，有人可能注册了一个域名，却没有指向网站所在的 IP 地址。事实上，有些人购买域名是为了投机，从未打算建立一个网站。精明的企业家购买流行文化中出现的短语和想法的域名。域名的销售额已经达到数亿美元，而且只会越来越贵（Styler, 2019）。2006 年，当脸书想把他们的名字从 "The Facebook" 改成 "Facebook" 并获得 facebook.com 域名时，这个域名已经被抢注了。但是他们以 20 万美元的价格从 About Face 公司购买了该域名。而该公司可能为该域名每年支付了 15 美元的费用。脸书的下一个主要域名收购甚至更昂贵：2010 年，脸书以 850 万美元收购了 fb.com（Drobnjak, 2017）。

如果您对谁拥有一个特定的域名感到好奇，您可以很容易地在任何域名注册机构的"域名查询服务（Whois lookup）"中找到它。在那里，您可以输入任何域名并了解谁拥有该域名。即使该域名未在某个特定注册机构注册，您仍然可以获得这类信息，因为 DNS 信息在域名注册机构之间是共享的。

如果您真的想买一个别人拥有的域名，比如脸书的马克·扎克伯格，您可以联系所有者，向他们提出购买。或者您可以看看域名的到期日，希望所有者忘记更新它，这将允许您有权利购买它。在万维网的早期，这种情况比现在发生得要频繁得多。20 世纪 90 年代末，我的一个客户忘记更新域名，不得不匆忙买回。这种情况不是唯一的。许多大型、受人尊敬的组织，如达拉斯牛仔队、地区银行甚至微软，都忘记了更新域名，失去了对域名的控制，不得不买回域名（Duskic, 2018）。现在，由于大多数注册机构都有自动续费功能，所以域名续费失败的情况已经很少发生了。

选择域名

注册域名之前需要考虑以下几个因素。

- **品牌**——如果您有一个已建立的品牌，域名应该与之匹配。但是，有时这并不容易，因为最明显的域名可能无法获得。如果是这样的话，发挥创造力会对您有好处。例如，当我的朋友阿里克斯·亨利创建亨利建筑事务所时，henryarchitects.com 这个域名无法注册。于是，她注册了退而求其次的选项：www.henryarchitectstaos.com，事实证明这是个不错的选择。如果有人在 Taos 中搜索建筑师，她的网站可能会出现在结果中，因为她的域名包含"Taos"和"architect"。

• **未来方向**——如果您有一家公司目前提供一种类型的产品，您可能不希望将该产品名称放入域名中。想象一下，您拥有一家蜡烛公司，但后来决定涉足肥皂和其他个人护理产品。如果您的域名是 www.awesomecandlecompany.com，您的域名就不再代表您能提供什么。幸运的是，有可能将它们指向同一个 IP 地址。因此，www.awesomecandlecompany.com 和 www.awesomepersonalcare.com 可以指向同一个网站。

• **长度和拼写**——一个普遍的观点是，字符较短的域名比字符较长的域名更有价值。事实上，截至 2000 年，带 .com 后缀的三个字母的域名都被注册了（Friedman，2000）。虽然较短的域名通常更受欢迎，但以删除关键字母为代价所创建的域名可能会令人困惑且难以记忆。例如，我有一个朋友叫泽利，她拥有一个网页设计公司和相应的域名，zdsign.com 是她名字的第一个字母和单词 design 的组合，省略了"e"。我总是觉得很难记住，因为我记不起漏掉了哪个元音。

• **其他可用的扩展名**——在某些情况下，为您要购买的域名准备多种可用的扩展名非常重要。例如，如果一家公司既有慈善机构又有营利机构，那么同时注册 .org 和 .com 扩展名。

• **其他人的意见**——由于域名中没有空格，人们可能会以一种您意想不到的方式对字母进行分组。笔岛（Pen Island，一家卖笔的公司）建立了一个网站，其域名为：www.pen-island.com。Speed of Art（一个面向艺术爱好者的网站）的域名是 www.speedofart.com（Shontell，2011）。在注册之前，问问您的朋友，他们对您的潜在域名有什么看法。

• **以前的所有权**——域名仅在固定的一段时间内由个人 / 公司或组织拥

有。但是网络从 1991 年就已经存在了,所以一个域名可能在 10 年前被一家公司使用,然后就被放弃了。域名的历史可能是好的也可能是坏的。如果它是与一个真正受欢迎的网站关联,它可能会产生剩余流量。用谷歌搜索一个域名可能会把您带到与该域名相关的网站,这可能会告诉您旧网站的内容。

设置虚拟主机

如果您想建立一个网站,您需要找到一个服务器来托管您的网站。大多数提供域名注册的公司也提供主机托管服务。主机托管公司在 Web 服务器(他们拥有或租用)上提供空间,并提供连续的互联网接入服务,以便他们托管的网站可以随时被访问。虚拟主机也提供了访问这个空间的途径,这样开发者就可以建立和更新网站。共享主机账户是最便宜的选择,但是您可以和其他人共享服务器空间。专用主机意味着您有自己的专用 Web 服务器,您可以根据自己的意愿进行配置。如果您是一个有很多客户的网站开发者,您可以将空间转租给您的客户,并通过向客户收取主机托管费来获得持续的收入。

任何有电脑的人都可以成为虚拟主机,尽管这可能不是一个好主意。如果您真的想拥有自己的网站,您可以通过安装 Web 服务器软件,把您的电脑连接到互联网上,把您的电脑变成一台服务器。自己做主机托管的问题是,如果您的家停电了,或者无法上网,您的网站就会瘫痪。您也向黑客开放了您的整个家庭网络。

大约在 2000 年,我的一位朋友决定把他所有客户的网站托管在他房子外面的自己的 Web 服务器上。轻松赚钱,对吧?只要保持电脑运行并连接到互联网上,每个月给客户寄一份账单就行了。这个计划的唯一问题是,他使用的互联网接入线路(DSL,当时是新的接入方式、不太稳定)会定期中断,并导致他所有客户的网站宕机。他会随时接到惊慌失措的客户打来的电话,想知道他们的网站为什么瘫痪了。不用说,他很快就不再做主机托管业务了。

网站主机托管公司拥有多条连续的高速互联网接入线路，其优势是，如果一条线路出现故障，另一条备份线路就能立即发挥作用。此外，服务器是克隆的，因此如果一台服务器出现故障，它上面的网站仍然可以访问。尽管如此，主要的主机托管公司仍不时地出现服务故障（Warren，2012）。

主机托管的费用差别很大：从每月几美元到数百美元不等，这取决于您需要多大的空间，您需要支持什么样的技术，以及您计划获得多少流量。您可以免费获得虚拟主机，但是，它要么带有广告，要么空间非常有限，或者带宽有限。免费托管也阻止您注册域名并把它指向您在那个免费空间上建立的网站。然而，它能满足练习您的 Web 开发技能的需求。

选择虚拟主机方案时，您应该考虑的其他因素包括：

• **评论**——许多网站评论虚拟主机，提供有价值的见解。

• **带宽限制**——带宽是指可以进出您网站的数据量。任何时候有人在您的网站上请求一个页面，都会占用带宽。

• **技术支持**——能够与技术支持人员进行交流非常有帮助，但并非所有主机都提供这项服务。一些任务，如域名转移或安装 SSL，很少出现，所以能够得到一些一对一的指导是有帮助的。

• **电子邮件账户**——电子邮件账户会随主机托管包一起提供。例如，如果您为一家企业建立了一个网站 www.yourbusiness.com——您可以将多少电子邮件与该域名相关联，例如 sales@www.yourbusiness.com、info@www.yourbusiness.com 等？

• **CMS 支持**——如果您的网站有 Joomla、Drupal 或 WordPress 这样的内容管理系统，确保主机环境支持它。

• **服务器端语言支持**——如果您使用任何服务器端语言进行编程，您将需要确保它能够在 Web 服务器上运行。Windows 服务器支持 ASP，但是 Apache Web 服务器支持 PHP。

• **数据库支持**——如果您计划构建一个与数据库通信的网站，您需要知道您可以构建的数据库的类型和大小。

上传网站

当您建立了您的网站，注册了您的域名，建立了您的主机，您需要把您的网站文件放到您的服务器上。将文件传输到服务器的最常见方法是通过 FTP，它代表文件传输协议。一些虚拟主机允许您通过基于 Web 的界面上传文件，但是 FTP 仍然是大多数 Web 开发者首选的文件传输方法。有许多不同的免费或低成本的 FTP 程序可用。总的来说，它们的工作方式非常相似：一方面，您可以看到您电脑上的文件；另一方面，您还能看到您的托管空间内的文件。您只需将您的网站文件从您的电脑拖放到服务器上，您的网站就对全世界可见了。

专业人士访谈

简斯·卡尔顿（Jans Carton）

WebSanity，美国密苏里州圣路易斯

自从网络出现以来，简斯·卡尔顿就一直在建立网站。1995年，他在密苏里州的圣路易斯创建了第一家Web开发公司。自2002年以来，简斯一直是WebSanity的负责人，WebSanity是一家位于圣路易斯的Web开发公司，其客户非常多样，包括大型非营利企业和美国《财富》杂志排名500强的公司。简斯负责用户体验（UX）的设计、管理客户沟通，并为WebSanity构建的网站编写所有显示层代码（HTML和CSS）。

您的背景是什么？您是如何进入Web开发这个领域的？

我有摄影学士学位。当我过渡到在计算机上处理和增强数字图像时，它正处于互联网的前沿，我被这个叫万维网的东西所吸引。所以，我基本上是自学的。

您如何描述网络的起源？

我是通过一位朋友介绍才认识网络的。他指着一些网页说："嘿，看看这个新的出版平台。"在那个时候，它在后台非常容易看。所以我们只是查看页面源代码，以了解如何建立网页。那时，与今天的Web开发相比，它是非常基础的。我的优势在于，我加入的时候，边学边用要简单得多。

为什么 Web 开发变得如此复杂？

现在您有更多的 JavaScript 参与网站创建、维护，所以如果您只是看一下源代码，它可能不会真正呈现在页面上，因为代码可以根据用户的交互，通过 JavaScript 动态修改。

您做过 Flash 开发吗？如果没有，为什么？

嗯，我们没有做过 Flash 开发，因为我们觉得它的寿命很短。

哇，这是相当不错的预见。

当 Flash 还是 FutureSplash（大约 1997 年）的时候，我们确实用它做了一些东西。后来它被 Macromedia 收购了，并被重新命名为 Flash，再后来 Adobe 收购了它。由于我们建立的网站类型，我们遇到了很多问题。它们是信息性很强的网站。由于 Flash 不是 Web 的原生产品，页面上任何 Flash 元素中的所有信息对 Google 和其他搜索引擎来说都是一个黑匣子。虽然它被努力变得更加透明，但它从来都不是真正的原生事物，我们就想："这绝对不是网络的未来。"所以，我们不想在自己感觉不会长久的事情上培养专业技能。

您为您的客户提供什么类型的主机托管和 CMS？

我们使用开源的内容管理系统，并添加了一些专有的插件。我们选择它的主要动机是提供 Web 服务的商业模式。

因此，不是建立一个"建成即走"的网站，我们觉得最好是提供维护服务器环境、更新软件、安全监控和持续支持等服务。我们所在的公司曾尝试过以前的方法——建立一个网站，让客户维护，但总是以失败告终。他们会更换人员，然后不知道该如何处理网站。所以，通常情况下，一段时间后，它会被扔掉并被完全取代。我们发现提供 Web 服务，他们会回来找我们。当他们想要改变时，我们可以改进网站，网站会持续更长时间，他们会更高兴，并通过它获得更好的服务。

这似乎也是一种更聪明的商业模式，因为这是持续的收入。

它很棒。但是您永远也摆脱不了一个糟糕的客户，而且它是不可扩展的。所以，我们将永远是一个相当小的公司。这不是我们可以致富的东西。我们能支持的人数总是有限的。

一路走来有什么错误呢？有大的失败吗？

最疯狂的想法是使用框架集进行布局。很久以前，我们对网页的布局几乎没有控制权。您有个表格，或者什么都没有。然后引入了框架集，我说："嘿，您知道，您可以独立滚动页面的各个部分。让我们将它用于实际的框架和布局。"问题是，它变得非常复杂。它能工作，但是它只是一场尽量维持的噩梦。

您有过任何域名事故吗？

有过，有几个丢失的域名。我们的客户对我们维护和更新域名犹豫不决。但有时客户想自己做，不管出于什么原因，正好没更新它，导致丢失了域名。我们没有收到任何通知，因为我们没有被列为联系人。然后我们会接到一个来自客户的惊慌失措的电话，说"我的网站瘫痪了！"我们必须告诉他："哦，您的域名已经过期了。"

这个域名已经丢失一段时间了。由于域名增加了宽限期，现在，即使域名过期，您也有 90 天的时间来为域名续费，防止其他人注册您名下的域名。以前，域名刚一过期，其他人会立即注册它，导致原始所有者失去域名。

您认为 Web 技术方面最激动人心的进展是什么？

我想，只能是新的布局机制。我说的是 Flexbox 和网格布局。许多开发人员仍然不理解 Web 是面向文档的基础设施。它被设计成在页面上显示链接到其他文本的文本。在 Flexbox 出现之前，Web 中没有内置的布局方法。在此之前，您最接近的东西是浮动，其目的是简单地让文本环绕图像。直到 Flexbox 出现，您为布局做的一切都是权宜之计。以前，我们使用表格进行布局，但是表格从来不是为了布局，而是为了显示表格数据。然后我们换成了浮动。我的意思是，即使 Bootstrap 3 也使用浮动来创建网格。浮动从来不是为了这个目的。但是现在我们有了 Flexbox，它绝对是为布局而设计的。到现在，Flexbox 还没得到应用，真是让人大跌眼镜。

您期待在未来看到什么样的 Web 发展？

我认为未来会出现的一件事是能够在浏览器中本地运行编译好的应用程序，这被称为 Web 汇编（Web Assembly）。这意味着您可以在网络浏览器中运行一个成熟的应用程序，比如 Photoshop。

此外，可缩放矢量图形（SVG）格式真的很强大，它提供了一种可以通过 JavaScript 操作的图像/绘图格式（因为它是基于文本的）。这意味着您可以做非常酷的可视化效果和动画，而不完全依赖 JavaScript 和（HTML 元素）Canvas。它还为 Web 带来了与分辨率无关的图形。

从基础设施的角度来看，虚拟化是一件大事。我们过去不得不在数据中心安装、配置和维护一台 Web 服务器来为网站提供服务。现在，我们可以动态创建虚拟服务器。我们正在转向"无服务器"托管。在这种情况下，我们只需访问 Web 服务器上的服务，而不是配置和维护整个虚拟机。

讨论问题

（1）有没有您觉得很难记住的 Web 域名？如果有，为什么？

（2）在 Whois 中查找您的域名（例如，我的域名是 www.juliagriffey.com）。您的域名可用吗？如果不是，谁拥有它？它会带您去一个网站吗？您买它要花多少钱？

（3）交互式媒体创作过程是否比您预期的复杂？为什么？

（4）苹果公司是如何操控交互式媒体创作工具和流程的？这对投资建立特定领域专业知识的开发人员来说是否公平？

（5）随着游戏引擎的引入，电子游戏制作发生了怎样的变化？是积极的还是消极的变化？

参考文献

Clement, J.（2019）. The Statistics Portal：Number of apps available in leading app stores as of 2nd quarter 2019.*Statista*. Online Available at：https://www.statista.com/statistics/276623/number-of-apps-available-in-leading-app-stores.

Cycling '74（2014）. Interactive Windmill Installation for Zaans Museum Exhibition. Online Available at：https://cycling74.com/projects/interactive-windmill-installation-for-zaans-museum-exhibition.

Derivative（2017）. VolvoxLabs Meticulously Animates Engagement at Microsoft Theatre Lounge DTLA. *Derivative*, October 17. Online. Available at：http://derivative.ca/events/2017/MicrosoftDTLA.

Drobnjak, A.(2017). From TheFacebook.com to Facebook.com to FB.ME to M.ME. *Domain.Me*. Online Available at: https://domain.me/how-thefacebook-com-became-facebook-com.

Duskic, G.(2018). 9 Famous Domain Expirations in Internet History. *WHOAPI Blog*. Online Available at: https://whoapi.com/blog/5-all-time-domain-expirations-in-internets-history.

The Franklin Institute(n.d.) *History of Virtual Reality*. Online Available at: https://www.fi.edu/virtual-reality/history-of-virtual-reality.

Friedman, S. C.(2000). No 3-Letter .Com Names Left. *New York Post*, April 17. Online Available at: https://nypost.com/2000/04/17/no-3-letter-com-names-left.

Helander, D.(2012). Mobile Gaming Gets a Performance Boost: Adobe AIR 3.2 with 2D and 3D Hardware Acceleration Announced. *Adobe Blog*. Online Available at: http://blogs.adobe.com/flashplayer/tag/angry-birds#sthash.qrDG4auK.dpbs.

Kim, H.-J., Min, J.-Y., Kim, H.-J., & Min, K.-B.(2017). Accident Risk Associated With Smartphone Addiction: A Study on University Students in Korea. *Journal of Behavioral Addictions*, 6(4), 699–707. Online Available at: https://doi.org/10.1556/2006.6.2017.070.

Löchtefeld, M., Böhmer, M., & Ganev, L.(2013). AppDetox: Helping Users with Mobile App Addiction. In *Proceedings of the 12th International Conference on Mobile and Ubiquitous Multimedia*(p. 43: 1–43: 2). New York: ACM. Online Available at: https://doi.org/10.1145/2541831.2541870.

McNichol, T.(2010). How Adobe is Battling the Flash-Bashing. *Bloomberg Businessweek*,(4185), 28–29. Online. Available at: https://www.bloomberg.com/news/articles/2010-06-24/adobe-battles-the-flash-bashing.

Sawers, P.(2018). WordPress now powers 30% of websites. *Venture Beat*,

March 5. Online. Available at: https://venturebeat.com/2018/03/05/wordpress-now-powers-30-of-websites.

Scott, J. (2017). HyperCard On The Archive (Celebrating 30 Years of HyperCard). *Internet Archive Blogs*, August 11. Online. Available at: https://blog.archive.org/2017/08/11/hypercard-on-the-archive-celebrating-30-years-of-hypercard.

Shontell, A. (2011). 15 Unintentionally Inappropriate Domain Names. *Business Insider*, June 28. Online. Available at: https://www.businessinsider.com/20-wildly-inapproriate-sounding-domain-names-2011-6#whod-have-thought-nycanalcom-had-historical-value-9.

Strain, M. (2015). 1983 to Today: A History of Mobile Apps. *The Guardian*, February 13. Online. Available at: https://www.theguardian.com/media-network/2015/feb/13/history-mobile-apps-future-interactive-timeline.

Styler, J. (2019). The Top 25 Most Expensive Domain Names. *GoDaddy*, June 18. Online. Available at: https://www.godaddy.com/garage/the-top-20-most-expensive-domain-names/.

Unity. (n.d.). Online. Available at: https://unity.com.

Warren, C. (2012). GoDaddy's DNS Servers Go Down, Along with Thousands of Sites. *Mashable UK*, September 10. Online. Available at: https://mashable.com/2012/09/10/godaddy-down/#2u0j.NKdSuqB.

第八章
可用性

简而言之，可用性（Usability）是一个交互式应用程序以一种高效、可学习、可记忆、无错误和令人愉快的方式完成预期任务的能力（Nielsen，2012）。如果应用程序的可用性很差，那么交互就不会发生，产品也不会达到预期的效果。即使概念很棒，如果可用性很差，游戏就无法玩，产品不会被购买，应用程序也会被删除。

回想一下您最近一次在移动设备上安装新应用程序的情形。您用什么标准来决定您是否要保留它？如果我不能在几分钟内让应用程序完成我想要它做的事情，它就会消失。我的经历并不独特。在所有下载的应用中，有很大一部分（80%—90%）在首次使用后就被从智能手机上卸载了（Abhishek，2016）。如果您想开发一个受欢迎的应用，可用性很重要！

良好的可用性与收入直接相关。可用性更高的游戏导致更长的游戏时间和更高的交易率（Duran，2017）。在电子商务网站上，良好的可用性已被证明可以增强用户的信任，从而产生更好的在线销售（Aubert等，2001）。

第一节　为什么良好的可用性很重要

1982 年，雅达利正处于巅峰。雅达利 2600 家用游戏机是市场上最热门的产品之一。新游戏一上市，消费者就趋之若鹜。那年夏天，《E.T. 外星人》是一部轰动一时的电影。为了利用这一成功，史蒂文·斯皮尔伯格（Steven Spielberg）与雅达利接洽制作一款游戏，以便在假期及时发布。问题是雅达利需要在 6 周内完成游戏制作，这比通常至少 6 个月的游戏开发时间表要短得多。

雅达利的游戏开发者霍华德·斯科特·沃绍（Howard Scott Warshaw）承担了制作游戏的任务，并在令人惊讶的时间内完成了制作工作。然而，在如此紧张的开发进度下，他没有时间去了解更多关于他的受众和他们的期望，或者得到更多关于游戏的反馈。尽管这款游戏拥有当时最热门的电影人物，但它还是彻底失败了。事实上，它经常被称为"有史以来最糟糕的电子游戏"。这款游戏的体验非常令人沮丧，因为外星人一直被困在沟里。结果，该游戏的许多拷贝被退回或未售出。雅达利在新墨西哥沙漠掩埋了近百万个 E.T. 游戏。电子游戏 E.T. 标志着雅达利在家庭电子游戏行业的统治地位的终结（Kent，2001）。

什么能够避免 E.T. 电子游戏灾难的发生？即使是项目开始之前的一个错误决定（一个主要开发人员缩短了开发时间），也能对最终产品产生累积的负面影响。如果制作过程是在考虑可用性的情况下进行的，结果会有所不同吗？如果进行了广泛的用户测试，会发生什么呢？游戏会被发行吗？现在这个行业已经成熟，通用的实践方法已经建立起来，从前期制作阶段开始，在整个制作阶段持续进行，甚至在产品发布后继续进行，这提高了交互式产品的可用性。

第二节　在每个阶段实现良好的可用性

如果被用户/玩家唾骂，制作任何交互式媒体应用程序还有什么意义？没有一个开发团队希望构建一个可用性差的应用程序。但是设计师和开发人员不是用户，所以制作产品的团队很容易忽略这一点。幸运的是，在整个开发过程中都存在提高最终产品可用性的策略。

发现阶段

对用户的了解应该在任何设计或制作之前开始。您对用户了解得越多，就越容易决定项目的发展方向。

用户体验设计师了解交互式项目的未来用户的一个常用方法是通过调查、访谈和焦点小组，用户可以在其中透露他们的喜好、挫折、需求和愿望。通常用户的反应并不是您所期望的。不要对用户做假设。对您的研究结果持开放态度。

当被问及应用程序的问题时，用户倾向于提供一个解决方案，但这通常不是最好的。专注于创造性地解决用户的问题，而不是过多地考虑用户提出的解决方案。亨利·福特（Henry Ford）说，在汽车发明之前，如果您问人们想要什么，他们会说"更快的马"。他们不知道汽车是可能的。同样，用户也许不知道能解决他们问题的替代设计和技术。

交互式应用程序的不同用户类型通常与您最初的预期不同。有证据表明，游戏工作室认为他们的大多数玩家都是青少年男性。令人惊讶的是，女性游戏玩家现在在数量上超过了男性游戏玩家，工作室也开始做出反应，尽管反应缓慢，这包括在游戏中加入女性主角（Jayanth，2014）。

帮助开发团队设身处地为用户着想的一个练习是编写用户角色。用户角色是关于代表性用户的简短叙述，以及他们希望通过使用应用程序完成或期望什么。这项练习有助于确保满足各种类型用户的需求。

设计阶段

以用户为中心的设计方法也可以提高可用性。在内容丰富的应用程序中，用户可以通过使用卡片排序来帮助对信息进行组织和添加标签。卡片分类是一种将应用程序中的所有主题写在单独的卡片上的方法。给有代表性的用户发放卡片，要求他们将卡片分成相关主题，并给每组贴上标签。基于测试人员如何对主题进行分类的方式，设计人员为内容创建一个分类法，然后通过执行反向分类来测试他们的假设。反向排序类似于卡片排序，然而，用户被要求在给定的类别名称下放置主题或问题。反向排序允许信息架构师对其基于第一种排序所构建的信息组织结构进行测试。

Optimal Sort 网站（www.optimalsort.com）有很棒的工具来方便实现基于 Web 的卡片分类和反向分类。您只需设置好所有要分类的内容，并通过 Optimal Sort 网站向有代表性的用户发出邀请。然后，该网站会跟踪结果并生成可视化效果来帮助您理解数据。

开发用户理解的类别和子类别的层次结构使内容丰富的应用程序更易于使用。提前展示太多选项会让用户不知所措。虽然这可能看起来违反直觉，但想想当您试图在一家餐厅点一份很长的菜单时的感受。我的本能反应是告诉服务员只给我所需要的东西，因为我不想尝试翻找所有东西。同样，一些应用程序有很多选项和信息。分组和分类有助于引导用户浏览所有内容，防止他们感到不知所措。

许多信息丰富的网站不仅对内容进行分类，还对内容进行优先排序。例如，如果您访问雅虎，您可以看到信息被分类并按重要性排序，以便通过这些信息来引导观看者。网页中有一个占主导地位的图像，通常代表一个大新闻。但用户可以很容易地访问左侧的所有分类，以便找到我们所需内容。如果我们想获得更深入的新闻，这仍然是轻而易举的。像雅虎这样的网站采用其他的设计技术来避免让人有被信息淹没的感觉。例如，颜色的使用保持在最低限度。这样做是为了防止颜色影响内容，让用户不知所措。

用户的现有知识可以帮助指导屏幕上元素的布局。大多数访问您的网站、使用您 App 或玩您的游戏的用户都有过与类似应用程序交互的经验。设计师可以利用这些知识来加快用户对您的应用程序的理解。在一个网站上，约定俗成的做法是把 Logo 放在左上角。例如，访客通常会在网站的页脚查找关于组织的一般信息，如地址和联系信息。带下划线的文本通常被认为是链接。菜单栏通常位于网站的左侧或顶部。如果您把菜单栏放在其他位置，或者分散在不同的位置，会让人感到困惑。

尽管 App 出现的时间相对较短，但围绕它们的设计已经有了约定。在 App 上，品牌通常位于屏幕的顶部中央。底部栏中通常还有几个图标，带您回到 App 的不同功能。通过遵循这些惯例，您的 App 将更容易学习。

视觉隐喻也可以提高可用性。您可能记得英语课上说过，隐喻是用"像"或"当作"等来比较两个事物。隐喻对于提高理解能力非常有用，因为这个定义是基于您的受众已经知道的东西的。例如，如果您从来没有尝过冷冻酸奶，我可能会告诉您，它就像冰激凌，但有点清淡。

视觉隐喻以类似的方式工作。考虑一个交互式体验中的向右三角形；它暗指媒体播放器上的播放按钮。因为我们在一个上下文情境中熟悉它，我们可以立即理解，如果您点击它，您将播放某种形式的媒体。垃圾桶是视觉隐喻的另一个好例子。很容易理解垃圾桶是用来扔垃圾的，因为我们在真正的垃圾桶里扔东西。文件夹是视觉隐喻的又一个好例子。我们知道文件夹是用来整理东西的，因为我们知道在现实世界中如何将文件放在文件夹中。虽然这些视觉隐喻已经被集成到我们计算机的操作系统中，但是为了提高可用性，这些和其他的隐喻经常被集成到任何交互式应用程序中。

在设计师对关键屏幕的布局做出一些决定后，就可以测试初步的可用性。定义可能与不同类型用户相关的特定任务。然后，设计师可以使用 Axure、Sketch 和 InVision 等程序快速开发线框图和原型，供代表性用户测试。观察用户与线框图和原型的交互有助于在开发最终产品之前识别可用性问题。

良好的可用性不仅仅是应用程序的功能，它还关系到应用程序使用起来是否愉快。快乐和享受是很多交互式应用最重要的属性，尤其是游戏。对用户的能力、偏好和需求的理解应指导设计决策，让用户对应用程序感到满意。例如，PBSkids.org 主页反映了开发团队对他们的目标受众的理解。甚至还没有阅读能力的学龄前儿童也可以使用该应用程序。界面设计依赖于很少的文字；俏皮又简单。所有的交互都是通过点击图片来实现的。还有一个大轮子，用户可以通过将鼠标放在它周围的一个大箭头上来转动它。使用起来很有趣，也很宽容。设计者明白，一些孩子没有很好的运动控制能力，可能在与传统下拉菜单的交互方面有困难。所以，要进入一个特定游戏，孩子只需要把光标放在游戏中角色的大图片上。配色方案也有助于增加乐趣，因为界面充满了明亮的颜色，尤其是孩子们最喜欢的荧光绿。

开发阶段

设计阶段完成后，构建可用产品的目标并没有结束。为了确保良好的可用性，开发过程应该是敏捷的，不断地检测和评估正在进行的工作，用户体验设计师与程序员甚至客户在某些情况下携手工作。敏捷开发的一些原则包括重视用户、拥抱变化和协同工作（Beck 等，2001）。

敏捷开发过程与霍华德·斯科特·沃绍在 1982 年构建 E.T. 电子游戏的经历截然相反。沃绍将自己隔离了 6 周，以完成这场注定失败的游戏。没有时间进行原型制作、合作、反思、迭代和修改，这也解释了为什么这款游戏的可用性如此之差。

第三节　良好可用性指南

当用户研究和反馈指导交互式产品的设计和开发时，遵循一些指导原则可以提高可用性。

当网络在 20 世纪 90 年代末出现时，雅各布·尼尔森（Jakob Nielsen）是太阳微系统公司（Sun Microsystems）的一名工程师，受雇使他们的软件更容易使用。拥有人机交互博士学位的他完全有资格完成这项任务。然而，当他在太阳微系统公司工作时，他注意到了新网站的激增，尤其是非常糟糕的网站。受到启发，他写了一些建立可用性更高的网站的指南（Muiseum, n.d.）。自从他在太阳微系统公司工作以来，尼尔森已经就这个主题写了几篇文章和几本书，被称为"可用性之王"（Nielsen Norman Group, n.d.）。

虽然尼尔森的指导方针受到了 Web 的启发，但他的许多想法可以作为一个检查清单应用于所有形式的交互式媒体，以避免导致可用性差的陷阱的清单。尼尔森和其他可用性专家都赞同以下原则。

清晰明了（Be Explicit）

用户会体验/学习/使用这个应用程序做什么？在任何人尝试使用您的应用程序之前，他们都想知道一点接下来会发生什么。出于这个原因，电子游戏通常会以一段电影式的开场来为玩家提供游戏概览。网站也是如此，访问者应能马上知晓这个网站的内容以及可能提供的价值。

保持一致（Be Consistent）

一致性增强易学性。例如，一旦用户发现某个选项存在于某个菜单中，就很容易再次找到它。改变颜色、控件位置和视觉处理可能会使用户感到困惑。

保持灵活（Be Flexible）

允许用户跳过功能。想想任何一个电商网站。假设您输入了所有的运输信息，但随后您意识到您想在购物车中再添加一样东西。如果您只是想对您的购物车做一点小小的改动，就不得不重新填写所有的信息，这可能会很烦人。在设计交互式应用程序时考虑灵活性，会使它们更易于使用。

保持宽容（Be Forgiving）

不要假设用户会做"正确的"事情。用户倾向于以开发人员不期望的方式做事。如果用户在向购物车添加任何产品之前尝试结账，会怎么样？如果用户试图回到游戏中的前一个挑战会发生什么？开发人员可能想知道为什么会有人想要来做这些事情，但是用户是不可预测的。不要因为用户的意外行为而惩罚他们。

提供帮助（Be Helpful）

尽管您尽了最大的努力，但并不是您的应用程序中的所有东西都是不言自明的。以各种形式提供易于访问的帮助。工具提示可以阐明图标和语句的功能。游戏中有用的提示可能会激励玩家不断尝试。各种形式的可使用的帮助将减少用户的挫折感。

提供反馈（Provide Feedback）

让用户知道他们做了什么。当用户点击一个按钮时，集成一点听觉反馈，让用户知道他们的输入已经被计算机接收。简单的动画也被用作反馈，以帮助用户理解计算机正在处理一项任务，例如，在电子商务网站上结账后或者在加载元素时。

最小化记忆负担（Minimize Memory Load）

最小化记忆负担意味着不要求用户为了完成一项任务而回忆大量信息。让链接在用户点击后改变颜色可以防止用户不得不记住自己去了哪里。在杂货店的收银台，用户不需要记住各种水果和蔬菜的代码。产品的缩略图允许用户快速识别和浏览对象。

提供终止（Provide Closure）

向用户保证他们已经完成了他们计划要做的事情。例如，在西南航空公司办理登机手续的自助终端，最后一个屏幕上有一个"完成按钮"用户没有必要点击它，因为就在那时，用户已经有了他需要的一切：行李标签、登机牌和下一步去哪里的指示。但是，单击"完成"按钮可以让用户放心，他已经完成了所有必需的任务，下一个使用自助终端的人将不会访问到他们的信息。

提供激励（Provide Motivation）

游戏中的进度条提醒用户他们已经走了多远，还剩下什么。在培训网站Lynda.com 上，您有动力去完成一门课程，因为它会提醒您还有多少课程要完成。度假屋预订网站激励业主和客人为他们的数据库贡献知识。如果您是一名主持人，Airbnb 不会让您看到您的客人是如何评论您的地方的，直到您给您的客人留下评论。

减轻操作负担（Reduce Effort）

让用户尽可能容易地做他们需要做的事情。将相关控件放在一起，重要功能易于访问。例如，在电子商务网站，用户应该能够从任何页面看到他们的购物车和结账按钮。

这听起来好像有很多规则要遵循以确保良好的可用性，但是也有违反规则的时候。例如，如果您知道您的目标受众有一个共同的知识基础，那么也许您不必在某些方面表现得那么明显。不遵循已知惯例的创新设计和新导航方案可能远远优于它们的前辈，但应始终进行测试以确定它们的可用性。

第四节 快乐指南

对于面向任务的应用程序，可用性是最重要的。但是说到电子游戏，快乐同样重要。一旦您知道如何不输，井字游戏就没那么有趣了。一个游戏的快乐因素可以在制作之前根据一套试探法进行评估，例如拉尔夫·科斯特（Raph Koster）的书《游戏设计快乐之道》(*A Theory of Fun for Game Design*)中所介绍的那些试探法。在书中，他指出，具有以下特征的成功游戏"击中了正确的认知按钮而变得有趣"。

• 准备——玩家应该能够做出一些选择来增加其获胜的可能性。

• 空间感——游戏应该存在于某种类型的景观中，无论是真实的还是抽象的（比如棋盘）。

• 一系列挑战。

• 一个坚实的核心机制——某种需要解决的有趣问题。

• 解决遭遇战所需的一系列能力。

使用这些能力所需要的技能——在整个游戏过程中，错误的决策会导致负面后果。

（Koster，2013）

图 8-1　自然小径展览展示了触摸时在墙"里面"移动的动物

交互式物理装置根本不是以任务为中心的；它们存在的理由是激发有趣的实验。成功的装置需要用户学会如何与系统交互，同时加入随机的惊喜元素。例如，沿着英国米塔尔儿童医疗中心（the Mittal Children's Medical Centre in the UK）的墙壁安装的"自然小径"要求参观者发现墙壁对触摸有反应，并且移动的动物会根据用户的位置出现在墙壁"内部"。因为投影会随着时间的推移而变化，所以总是存在变化的元素。

第五节　可用性和用户体验测试

即使团队遵循了以用户为中心的开发过程，并且遵守了良好可用性的所有原则，可用性测试也应该在产品构建之后进行。可用性测试旨在回答"应用程序使用起来是否容易和快乐"。测试的目标是识别和修复尽可能多的问题。

可用性测试的一个挑战是客户倾向于不重视它，也没有预算。因此，作为一名开发人员，您知道做一些可用性测试对应用程序最有利，但却没有这方面的预算，这让您陷入了困境。

您可以做两种不同类型的可用性测试：专家可用性测试或用户可用性测试。或者，您可以两者结合。专家应该是熟悉可用性缺陷的专业人士，然后他们会报告问题。用户可用性测试包括召集一组有代表性的用户，让他们试用应用程序，同时记录他们的体验。

专家可用性测试的常见类型包括：

- **启发式评估**。专家仔细检查一个应用程序，看它是否违反了包含在一组简短的设计启发列表中的任何规则。
- **指导方针审查**。类似于启发式评估，但更侧重于技术问题。
- **认知性预演**。专家会对用户执行的一系列测试进行评估。
- **一致性检查**。专家审查交互式应用程序的所有部分，以确保布局、术语、颜色、设计等都是一样的。

• **正式的可用性检查**。设计师一屏一屏地向评审专家证明和辩护他们的设计选择。

用户可用性测试的过程始于寻找有代表性的用户。如果您正在为医生做一个应用程序，您不会希望大学生做您的可用性测试。参与用户测试的人要么是有报酬的，要么是真正热衷于免费测试产品的人。例如，像 Adobe 这样的软件公司会在 Photoshop 的最新版本发布之前联系指导人员或资深用户进行测试。对软件公司的好处是，在软件大规模发布之前就发现了缺陷。

当您做可用性测试时，您想要模拟实际的使用设置。例如，如果您正在测试一个打算在运动时使用的应用程序，您应该让别人在运动时测试它。

一些做大量可用性测试的公司实际上有可用性实验室，里面有电脑、照相机、录音设备和观察用户的单向镜子。实验室测试的另一种方法是将"便携式实验室"带给您的用户。也有可能进行基于 Web 的可用性测试。在该测试中，您可以通过 Web 观察用户行为。

以下用户可用性测试方法可以独立完成，也可以与其他方法结合使用。

• **性能测量**——要求用户在应用程序中执行一系列关键任务，并根据它们的性能进行评分。

• **出声思维**——给用户分配任务，并鼓励他们在试图完成任务的同时说出自己的想法。

• **指导**——用户在执行各种任务的过程中，会得到评估者的指导；与此同时，评估者也会对该用户的行为进行评估。

• **问卷调查**——要求用户使用应用程序执行一些任务，测试人员要求用户对他们的体验进行反馈。

在应用程序发布后，特定功能的可用性通常通过在线 A/B 测试进行评估。例如，如果一个网站包含一个注册表单，目标是最大化转化率，开发团队可能会在一周内推出一种表单样式，然后在另一周推出不同的表单样式，并查看哪种样式会带来最多的转化率。测试的获胜者可能会针对另一个版本进行测试，直到团队对结果满意为止。

　　游戏公司通常有一个完整的质量保证部门专门测试他们的游戏。虽然每天玩电子游戏对某些人来说像是一份梦寐以求的工作，但实际上它是相当耗时且具有重复性的。游戏测试人员必须想出尽可能多的方法来玩游戏，目的是找到缺陷。例如，如果一个游戏有 20 个不同的角色和 20 个不同的关卡，一个电子游戏测试者需要在每个关卡上以每个角色对每个角色进行比赛，这将是 8000 场不同的比赛。一段时间后，它可能会变得有点单调。基于此，电子游戏行业的质量保证（QA）测试是一个入门级的职位，是一个人进入这个行业的跳板。

专业人士访谈

朱莉·盖斯基（Julie Gaieski）

美国马萨诸塞州波士顿富达首席 UX 设计师

朱莉·盖斯基是富达投资公司（Fidelity Investments）的首席 UX 设计师，她的职责包括为富达投资公司内部制作的许多交互式应用程序进行信息架构、视觉设计和用户研究。在为富达投资公司工作之前，朱莉是一家初创公司的前端开发人员，主要用 HTML、CSS 和 PHP 构建网站。

您的教育背景是什么，您是如何进入这个领域的？

我在新英格兰艺术学院（the New England Institute of Art）获得了交互式媒体学士学位。毕业后，我在一家初创公司找到了一份网页设计经理的工作，并获得了大量编写 HTML、CSS、PHP 以及做一些数据库工作的经验。我也撰写建议书，向新客户推销。我在那里有许多不同的角色，但是缺少可用性方面的角色。

当我离开初创公司并加入富达投资公司时，我遇到了许多来自本特利大学（Bentley University）的人，我对他们围绕用户研究的研究生课程非常感兴趣。于是，我获得了本特利大学信息设计中人因方面的硕士学位。它侧重于用户研究和可用性，但更普遍的是关注人们如何使用我们创造的产品和服务。

您在富达投资公司制作哪种交互式媒体？

当我加入富达投资公司时，我认为它是一家金融机构，事实也的确如此。但它几乎就像一个由许多小企业组成的国家，有很多交互设计师的机会。刚开始工作时，我负责开发经纪软件，这是为代表客户进行交易的顾问和经纪人开发的，这是一项非常事务性的工作。然后，我进入了企业软件的世界，因此，我实际上为富达员工提供支持，设计组织结构图和信息型的人力资源网站，诸如此类的事情，这更多基于内容。然后，我转而为富达国际提供支持，经常往返德国。这项工作更多的是基于市场营销，帮助顾问向新的潜在客户销售基金。现在，我在为 Fidelity.com 工作。该公司为像您我这样的最终客户或投资者挑选产品，使他们实现理财梦想。

所以，您的项目都代表了许多不同类型的用户吗？

确实如此，但主要是所有的网站和基于 Web 的软件、一些内容网站、一些营销型网站，但其他的更像是一种工具。然后我做了一些您可以安装在桌面上的软件，但是现在已经很少了。

您如何向人们介绍您的工作？

我试图理解人们的需求和目标，然后在此基础上做出一个设计，以便它是可用的，并能真正帮助用户。

那么为什么交互式媒体的可用性很重要呢？

客户是我们一切工作的中心，没有他或她，我们就没有生意！我们需要找到让他们成功的原因——不只是成为一家商品供应商，而是成为他们信任和喜爱的合作伙伴！用户研究帮助我们做到了这一点。

在前期规划过程中，您的用户研究采取什么形式？

如果我开始一个新项目，我会试着了解目前是否有研究成果。您有人物角色吗？您做过采访或调查吗？您有什么样的数据？您有多了解用户的需求，您的产品有多符合他们的需求？您有没有听到客户对某些领域不适合他们的反馈，或者您在某些领域做得很好，您想在此基础上再接再厉？也就是说，真正理解用户以及产品是如何满足用户需求的。如果在这些方面做得不足，通常是这样，我们会努力填补空白。

为了真正了解客户体验中发生了什么，我们做了大量的旅行地图。我们只是想说，好吧，那么这一切从何开始？然后，我们通过端到端的旅行，了解富达的接触点在哪里，并询问这些接触点是否令人痛苦，或者好的部分在哪里，以及我们可以从中获得哪些机会。

当您做这种用户研究的时候，您从这个过程中得到了什么样的惊喜？

一项让我们彻底困惑的研究是我们内部网中网站的卡片分类。我们试图想出一个对大多数员工来说合理的结构。但是有很多不同类型的员工，也有很多不同类型的信息。当卡片分类的结果回来时，用户要么建议 3 个分类，放入 20 个项目；要么建议 15 个分类，放入 3 个项目。它们都是完全不同的标签和不同的组织方式。因此，我们必须做一些假设，把一些东西放在那里，然后在两个不同的结构之间做一些 A/B 测试，看看什么结构会工作得更好一点。

当您开发一个交互式产品时，您是如何检查它的可用性的？

我们已经成为一家更加灵活的公司。我们过去经常提前做大量的可用性测试。通常，如果这是一个大项目，我们会非常严格地进行测试，并确保在我们发布之前一切都非常完美，因为我们害怕失败和风险。

现在项目是按完全相反的方向进行的。一切都取决于上市时间。我们尝试先把东西展示给客户，也许首先是一小部分用户，对其进行度量，然后扩大到更多的用户。因此，我们的做法是：通过更快地推出产品来获得更多的真实数据；而不是将一个完整的大项目都完成得很完美后才会发布。而我们面临的挑战不仅是衡量流量，还有价值。我们的顾客对他们所看到的有什么反应？是令人满意的体验，还是糟糕的体验？作为一名用户研究员和设计师，不经历可用性测试的完整过程，您只是相信自己知道自己在做什么，您会适当地度量，如果不对，再花时间回过头去修复它，这一直是一个挑战。

您用什么样的工具来做那件事？

我们使用一个叫作 Clicktail 的程序，它可以测量某人在网页上的位置和他们点击的东西，并将其与人口统计学进行对比。如果一个客户登录了，我们就知道他们做的某些事情，我们可以在不同参与者的数据和他们的行为之间建立关联。但是，这些都是非常定量的，不一定可以揭示他们为什么这样做，或者以定性方式描述体验是怎样的。我们有一些由用户给我们的赞成或反对的有用性评级，一种内容是否好的判断。如果他们投票确实有用的话，可做个小调查来让我们从他们那里得到更多的信息。但这并没有真正深入我们过去在可用性测试中所看好并信赖的核心观察中。尽管如此，这很有趣。这对我们来说也是全新的，所以我们仍在努力学习正确的测试方法，这是我们前进的方向。

当您带回您收集的研究结果并向他们展示一些运行不正常的东西时，您会受到开发团队的很多抵制吗？

不算是抵制，只是因为我们总是试图让我们的开发伙伴和业务伙伴在整个过程中尽早参与进来。因此，随之而来的是整个团队的全员主人翁意识。我想每个人都觉得自己是这个过程的一部分。至少这是目标。然后，当我们听到反馈时，就客观多了。这并不是说我发现了这件事，并把它带回来给您，而是我们可以一起观察和体验客户反馈。

这是一个让开发人员参与整个过程的很好证明。在您参与的其他项目中，有没有哪一个项目在推出后获得了意想不到的结果？

我总是觉得能搞定这几个项目真的很棒。因为我们尽职尽力，所以项目才取得了成功。例如，在公司内部网站的主页上，我们建立了这个非常酷的工具栏，这样用户就不必在多个页面中寻找所有这些小部件。我们将所有东西整合在一起，让它变得非常容易访问和使用，甚至在您的手机上。这是一个飞跃，人们喜欢它，每天都在使用它。这给了我一种满足感。

您在这个行业已经有一段时间了。就可用性而言，Web 的变化对您有什么影响？

当我刚开始工作的时候，我们不用关心移动设计，不用关心所有不同表单的要素或代码，也不需要与云端进行交互。我们对可用性的讨论也不多。更多关注于制作出有吸引力、互动性强和引人注目的东西。我最初是开发汽车经销商网站，所以一切开发工作都是通过展示精彩图片来吸引用户眼球。后来，当我到富达投资公司工作时，让我感到惊讶的是，这只是整个网站建设中的一个环节。更重要的是要关注您的网站如何与客户互动。这让我意识到研究人类行为以及公司如何与客户互动的重要性……这比我只考虑一个网页时所学到的东西要更多。

讨论问题

（1）您能想出一个您遇到过的可用性设计不佳的产品的例子吗？那是什么？为什么？

（2）您是否玩过电子游戏或使用过您认为可用性很差的网站或App？怎么做，为什么？

（3）如果您正在开发一款电子游戏，您会使用什么技巧来更好地了解您的用户？如果您正在开发一个网站，这些会有所不同吗？

（4）您在交互式媒体中遇到过哪些隐喻（除了本章提到的那些）？它们是否加深了您对应用程序的理解？

（5）您同意本章列出的所有可用性指南吗？您什么时候会违反这些规则？

参考文献

ADDIN Mendeley Bibliography CSL_BIBLIOGRAPHY Abhishek.（2016）. How a Better User Experience Can Reduce Uninstalls. *The Being Apptentive Blog*. Online. Available at：https://www.apptentive.com/blog/2016/09/08/how-a-better-user-experience-can-reduce-uninstalls.

Aubert, B. A., Christine Roy, M., & Dewit, O.（2001）. The Impact of Interface Usability on Trust in Web Retailers. *Internet Research*, 11（5），388–398. Online. Available at：https://doi.org/10.1108/10662240110410165.

Beck, K., Beedle, M., van Bennekum, A., Cockburn, A., Cunningham, W., Fowler, M., Martine, R. C., Mellor, S., Thomas, D., Grenning, J., et al.（2001）. Manifesto for Agile Software Development. *Agile Alliance*. Online. Available at：https://www. agilealliance.org/agile101/the-agile-manifesto.

Duran, H. B.（2017）. Study：Spending Gap Between Casual and Avid Gamers is Considerable. *A List Daily*, May 2. Online. Available at：https://www. alistdaily.com/digital/study-spending-casual-avid-gamers.

Jayanth, M.（2014）. 52% of Gamers are Women–But the Industry Doesn't Know it. *The Guardian*, September 18. Online. Available at：https://www. theguardian.com/commentisfree/2014/sep/18/52-percent-people-playing-games-women-industry-doesnt-know.

Kent, S.（2001）. *The Ultimate History of Video Games: From Pong to Pokemon and Beyond—The Story Behind the Craze that Touched Our Lives and Changed the World.* Roseville, CA：Prima Publishers.

Koster, R.（2013）. *A Theory of Fun*（2nd ed.）. Sepastopol：O'Reiley Media, Inc.

Muiseum（n.d.）. Jakob Nielsen. Online. Available at：https://www.cs.umd. edu/hcil/muiseum/nielsen/nielsen_page.htm.

Nielsen, J.（2012）. Usability 101：Introduction to Usability. *Nielson Norman Group*. Online. Available at：https://www.nngroup.com/articles/usability-101-introduction-to-usability.

Nielson Norman Group（n.d.）. Jakob Nielsen：Principal. Online. Available at：https://www. nngroup.com/people/jakob-nielsen.

索 引

24 位彩色　084

2D 动画　061，115，116，117，118

2D 角色　116

3D 文件格式　121

3D 动画　061，119，121，122

3D 动画师　061

3D 扫描仪　119，120

3D 环境　012，119

3D 图形　088，119，122，144

3D 制作过程　119

3D 美术师　058，061，104，110，119

8 位显示器　091，098

8 位颜色　112

A/B 测试　170，213，217

Alpha 版本　075

App 上瘾　179

App 开发人员　013，058

Beta 版　075

Cel　117

CMYK 颜色　096，112

DNS 服务器　188

Gold master 版　075

IP 地址　053，187，188，189，
　　　　190，191

JavaScript 游戏　178

Mac　035，036，042，054，086，
　　　088，102，111，132，152

Macintosh　035，175

MIDI 作曲　127

MIDI 系统　127

MS-DOS　033，034

QA　063，075，214

RGB 颜色　096，098

Web 2.0　045，046

Web 开发人员　006，009，013，
　　　　　　046，114，152

索 引

Web 页面　006，042，102，116，
　　　　　152，185
Web 形象　045
Web 技术　198
Web 应用程序　006，009，016
Web 服务器　133，175，183，184，
　　　　　185，188，192，193，
　　　　　198
Web 浏览器　006，007，042，086，
　　　　　087，097，108，112，
　　　　　114，115，116，118，
　　　　　176，178，183，189

一拍二　117
二维码扫描仪　162
十六进制代码　098，099
十六进制颜色　106
人机共生　039
人机交互　031，034，208
三分法　131，132
下采样　091，109，110
万维网　005，006，042，043，
　　　　044，101，176，190，195
上下文　013，065，074，149，
　　　　161，184，206
上采样　110
千兆字节　084
千字节　084，085

广告网络　135
开发阶段　069，170，207
圆球建模　119
无衬线字体　148，149，161，162，
　　　　　173
专业消费级应用程序　132
互补色　153，154
互联网名人堂　055
互联媒体　026，042，043
切换镜头　131
内容专家　063
内容编写人员　063
反打镜头　131
分类法　078，205
分割互补色　154
分辨率　089，090，092，109，
　　　　110，114，129，149，198
文案　019，063，066，067，134，
　　　135，136，137，138
甘特图　068
可用性　004，005，014，016，
　　　　060，080，126，127，
　　　　146，159，169，170，
　　　　171，202，203，204，
　　　　205，206，207，208，
　　　　210，212，213，215，
　　　　216，217，218，219，220

可变比特率编码　129

布局原则　157

平移　131

卡片分类　079，205，217

卡通　110，114，118，129，177

电子游戏　001，007，010，012，
　　　　　015，016，018，019，
　　　　　020，036，037，038，
　　　　　039，048，049，058，
　　　　　059，060，062，064，
　　　　　068，119，121，126，
　　　　　127，175，178，199，
　　　　　203，207，208，210，
　　　　　214，220

电子游戏设计师　012，060

电子游戏测试者　214

视频制作人　061

矢量　087，094，095，107，113，
　　　114，115，116，127，144，
　　　177，198

矢量形状　114，115

矢量图形　113，114，115，144，
　　　　　177，198

用户场景　003，071，073，074

用户行为　002，048，213

用户角色　204

用户研究　069，078，207，215，
　　　　　216，217，218

用户测试　063，074，080，203，
　　　　　206，213

用户流动　078

加宽　148

发现阶段　204

对比度　103，114，155，164

场景合成　121

压缩　086，088，093，094，110，
　　　111，112，125，129，130，
　　　133，134，148

有损压缩　093，112

存储介质　088

网络信息中心（NIC）　050，188

网络游戏　038

传统动画　117

休闲游戏　008，038，061，116，178

后期制作　140

行间距　149，150，151

合同专家　062

兆字节　084，088

创作应用程序　013，118，150，
　　　　　　　175，176，181

多边形建模　119

多媒体创作工具　177

色轮　153，154，155

交互式体验　006，008，009，012，

索引

061，064，107，109，
116，133，143，158，
176，181，182，206

交互设计师　060，071，097，171，
216

关卡设计师　060

字体　008，060，072，102，146，
147，148，149，150，151，
152，154，155，156，157，
159，161，162，163，169，
170，171，172，173，183

字体族　148

字形　148

字符间距　148，149，150，151

字重　148

设计阶段　068，071，079，205，
207

导航　210

纤维素　117

技术编写人员　063

折叠上方　163

声波　090，122，123，124，125

声音设计师　060，140

声景　060

两端对齐　150，151

时间拉伸　126

听觉反馈　126，209

听觉神经　122

位深度　091，092，109，110，112

谷歌搜索　192

护目镜　008，049

应用市场　047，178，180

应用商店　006，007，180

冷色　153

沉浸式音频　141，143

快速原型制作　170

社交媒体专家　064

阿帕网　040，041，050，051，052

表面定义　120

构建 App　179，180

画布　177

奈奎斯特理论　091

易读性　149，150

固态存储器　130

图片编辑人员　061

图形用户界面（GUI）　034，035

图灵机　028

图像旋转木马　116

图像编辑　087，107，109，112

氛围声音　060，126

物理计算　048

物理交互式体验　181，182

质量保证　063，075，214

所有演示之母　034，051，054

命令行　033，042

采购专家　062

采集电平　125

服务器端　184，185，186，193

法律专家　062

波形　091，123，124

定场镜头　131

审计　135

视点镜头　131

视觉设计师　060

视觉隐喻　206

视觉暂留理论　128，129

视频合成　087，118

视频剪辑　044

线框图　069，071，072，073，
　　　　074，078，107，159，
　　　　161，206

项目建议书　062，064，066，067，
　　　　　068，069，077，082，
　　　　　134

项目建议书编写人员　062

项目经理　058，059，078

标签系统　059

相近色　153

点阵显示器　034

哑终端　031

界面设计　060，067，071，074，
　　　　　110，207

响应式网站　047，048，184

帧间压缩　129

帧速率　117，129，133

适应性　010，048

信息架构　058，059，072，078，
　　　　　205，215

信息架构师　058，059，072，205

叙事　002，019，058，060，127，
　　　171，178

叙事设计师　058，060

音频工程师　017，061，125

差分机　027，028

差异化　160，161

前期制作　203

前端开发人员　215

宣传册式网页　006

穿孔卡片　027，031

客户机 - 服务器模型　182，183

客户端　152，184，185

屏幕截图　111

屏幕分辨率　109，129

振幅　123，124

样条建模　119

原型　004，069，071，074，170，
　　　206，207

紧缩　148

旅行地图　078，217

调色板　097，129，153，154，155，157，159

域名系统　050，187，188

域名注册机构　050，053，188，189，190

排版　146，147，152，154，161，162，171，172

推介项目　064

基于矢量的图像　094，095，107，113，114

基于矢量的绘图　095，113

基于非屏幕的交互式体验　009

基于像素的图像　095，107，108，111，112，114

虚拟化　198

虚拟现实　007，020，048，049，058，119，121，126，140，141，142，143

敏捷开发过程　207

超出色域　097

超级卡片　176

超级演示　051

超链接　042，043，161

插图师　061

搜索引擎优化　079，116，134，138，139

程序框图　059，071，072，107

焦点小组　069，204

街机　037

街机行业　037

街机游戏　037

游戏化　015

游戏引擎　074，088，118，121，178，179，181，199

游戏机　007，009，015，037，038，060，178，179，203

游戏设计元素　015

游戏设计文档　062，064

游戏设计文档编写人员　062

游戏设计师　012，021，037

游戏设计快乐之道　211

游戏玩法　060

游戏叙事　178

游戏美术师　012，060

游戏脚本　135

编译　104，178，198

编译器　102，178

编程语言　001，013，032，047，061，074，178，180，181

编解码器　093，094，129

暖色　153

跨平台兼容性　086

微处理器　030，032
数字视频　094，118，128，129，130，131，132
数字音频　092，128
模拟声音　090，092
模拟视频　128，132
模拟媒体　083，092，106
模数转换　089

漫画行业　103
缩放　095，114，131，198
增强现实　007，008，049，119，179
摩尔定律　030
颜色偏好　156
颜料　096
噪声基线　124，125

Introduction To Interactive Digital Media Concept And Practice 1st Edition / by Julia Griffey / ISBN: 978-0-367-14863-8

Copyright © 2020 by Routledge
Authorized translation from English language edition published by Routledge, part of Taylor & Francis Group LLC.
All Rights Reserved.
本书原版由Taylor & Francis出版集团旗下Routledge出版公司出版，并经其授权翻译出版。
版权所有，侵权必究。

China International Radio Press Co., Ltd. is authorized to publish and distribute exclusively the Chinese (**Simplified Characters**) language edition. This edition is authorized for sale throughout **Mainland of China**. No part of the publication may be reproduced or distributed by any means, or stored in a database or retrieval system, without the prior written permission of the publisher.
本书中文简体翻译版授权由中国国际广播出版社有限公司独家出版并仅限在中国大陆地区销售，未经出版者书面许可，不得以任何方式复制或发行本书的任何部分。

Copies of this book sold without a Taylor & Francis sticker on the cover are unauthorized and illegal.
本书封面贴有Taylor & Francis公司防伪标签，无标签者不得销售。

著作权合同登记号：01-2023-4160

图书在版编目（CIP）数据

交互式数字媒体导论：概念和实践 /（美）朱莉亚·格里菲 著；王文清译. — 北京：中国国际广播出版社，2023.8
ISBN 978-7-5078-5383-4

Ⅰ.①交… Ⅱ.①朱… ②王… Ⅲ.①教学媒体 Ⅳ.① G43

中国国家版本馆CIP数据核字（2023）第157229号

交互式数字媒体导论：概念和实践

（美）朱莉亚·格里菲　著
王文清　译

出　版　者：中国国际广播出版社有限公司	地　　　址：北京市丰台区榴乡路88号石榴中心2号楼1701
电　　　话：010-89508207	邮　　　编：100079
传　　　真：010-89508207	
出　版　人：张宇清　田利平	策划编辑：赵　芳
责任编辑：筴学婧	版式设计：陈学兰
校　　　对：张　娜	封面设计：赵冰波

印　刷　者：北京汇瑞嘉合文化发展有限公司
发　行　者：全国新华书店经销
开　　　本：710×1000　1/16　印张：15.5　字数：230千字
版　　　次：2023年12月　北京第一版　2023年12月　第一次印刷
书　　　号：ISBN 978-7-5078-5383-4　　　定　价：58.00元

版权所有　盗版必究